W0319155

UMSCHAU

SUSANNE SCHALLER CHRISTEL TRIMBORN GABRIELE BENDER

EINE KULINARISCHE ENTDECKUNGSREISE

Ruhrmetropole

UMSCHAU

INHALT

INHALT

Ruhrgebiets-Idyll: der alte Ortskern von Kettwig, dem größten Stadtteil Essens, mit der denkmalgeschützten Marktkirche im Hintergrund

KARTE

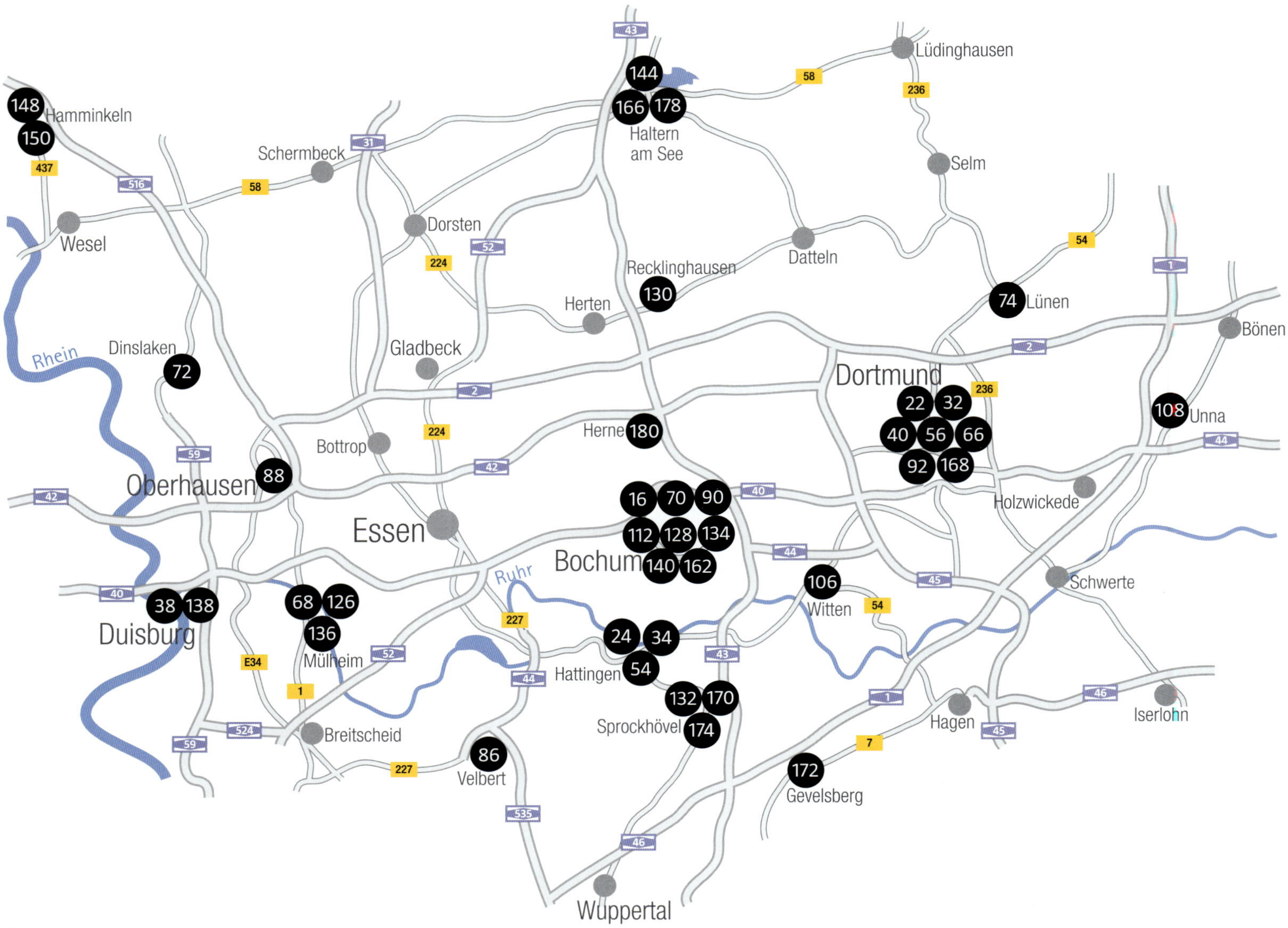

Hamminkeln
Haltern am See
Lüdinghausen
Selm
Schermbeck
Wesel
Dorsten
Recklinghausen
Datteln
Lünen
Herten
Bönen
Rhein
Dinslaken
Gladbeck
Dortmund
Unna
Herne
Bottrop
Oberhausen
Holzwickede
Essen
Bochum
Ruhr
Schwerte
Witten
Duisburg
Mülheim
Hattingen
Hagen
Iserlohn
Breitscheid
Sprockhövel
Velbert
Gevelsberg
Wuppertal

ESSEN
Katernberg
Zeche und Kokerei Zollverein
Bergeborbeck
Altenessen-Süd
Bochold
Borbeck-Mitte
Schonnebeck
Stoppenberg
Kray
Nordviertel
Frillendorf
Leithe
Altendorf
Essener Münster
Ostviertel
Westviertel
Schönebeck
Frohnhausen
Südviertel
Südostviertel
Huttrop
Steele
Heißen
Museum Folkwang
Rüttenscheid
Holsterhausen
Bergerhausen
Heimaterde
Fulerum
Margarethenhöhe
Rellinghausen
Überruhr-Hinsel
Überruhr-Holthausen
Schellenberger Wald
Haarzopf
Bredeney
Flughafensiedlung
Stadtwald
Villa Hügel
Heisingen
Baldeneysee
Ruhr
Schuir
Werden
Fischlaken
Fischershof
Kupferdreh
Hamm
Dilldorf
Heidhausen
40
52
44
224
231
227
176
96
64
28
62
20
146
52
36
58
26
102
100
30
124
98
104
110
60
164

VORWORT

Liebe Leserinnen und Leser,

woran denken Sie, wenn Sie das Wort „Kulinarik" hören? An ausgesuchten Genuss und gutes, geschmackvolles Essen? An stilvolles Ambiente, qualitativ hochwertige Zutaten und an Gastlichkeit, die eine individuelle Atmosphäre mit persönlicher Herzlichkeit verbindet? Wir auch!
Und so haben wir uns auf die Suche gemacht nach Restaurants, die all diese Attribute unter einen Hut ... Pardon, unter eine Servierglocke ... bringen. Wie die Trüffelschweine haben wir uns durch die Ruhrmetropole hindurchgearbeitet, von Norden nach Süden, von Osten nach Westen. Zwischen Velbert und Haltern am See und zwischen Duisburg und Unna haben wir für Sie vorgekostet. Immer auf der Suche nach den schmackhaftesten Gerichten, den begeistertsten Köchinnen und Köchen, den schönsten Räumlichkeiten und den besten Küchenideen. Und glauben Sie uns: Wir sind fündig geworden, haben entdeckt, was es an kulinarischen Adressen zu entdecken gab. Und haben dabei unter anderem die Erfahrung gemacht, dass die Ruhrmetropolen-Region neben Spitzenköchen und edler Gastronomie auch echte Typen und individuelle Küchenkonzepte zu bieten hat: Häufig nehmen die Küchenchefs bei der Zusammenstellung ihrer Speisenkarten Bezug auf die Traditionen des Ruhrgebiets und verstehen es, diese mit internationalen Einflüssen aufs Schmackhafteste zu kombinieren. Eine Vorgehensweise, die typisch ist für die Menschen der Ruhrmetropole, diesem Melting Pot(t), in dem Menschen aus etwa 170 verschiedenen Nationen leben. Und viele Gastronomen erweisen der Region auch dadurch ihre Ehre, indem sie mit Lieferanten aus der unmittelbaren Umgebung kooperieren, Fisch, Gemüse, Pilze oder Fleisch von Betrieben „umme Ecke" beziehen. In diesem Sinne möchten wir Sie einladen, sich unserer Entdeckungsreise anzuschließen. Genießen Sie die Vielfalt. Guten Appetit!

Susanne Schaller
Christel Trimborn
Gabi Bender

Markantes Relikt aus der Blütezeit des Bergbaus: Tomson Bock, ein Fördergerüst der ehemaligen Zeche Gneisenau in Dortmund

Vielfalt ist Trumpf: die ehemalige Zeche Zollverein in Essen, heute Weltkulturerbe (o.), die malerische Brehm-Insel im Flusslauf der Ruhr in Essen-Werden (r.) und das Kaiser-Wilhelm-Denkmal auf der Hohensyburg – alles attraktive Ausflugsziele

WELCOME

Gelungener Strukturwandel: Die Ruhrmetropole hat sich neu erfunden

Dass das Ruhrgebiet mehr zu bieten hat als Kohle und Stahl, weiß man an Rhein, Ruhr, Lippe und Emscher schon lange. Spätestens seit 2010, als sich die Region als Kulturhauptstadt präsentierte und feiern ließ, konnte sich auch der Rest der Welt davon überzeugen. Längst hat der Strukturwandel dazu geführt, dass aus ehemaligen Industrieanlagen und rußgeschwärzten Stadtvierteln heute attraktive Naherholungsgebiete geworden sind. Stillgelegte Kohle- und Stahlwerke, Gasometer und Fördertürme, die die Region immer noch prägen, beherbergen heute Museen, Sportanlagen, Veranstaltungs-Locations oder Restaurants. Die „Route der Industriekultur", ein 400 Kilometer langer, gut beschilderter Straßenparcours, führt den Besucher zu den Highlights, aber auch zu den verborgenen Schätzen der Industriekultur. Auf dieser Route erschließt sich das einzigartige Erbe der 150-jährigen Industriegeschichte des Ruhrgebietes am eindrucksvollsten.

Aus dem Ballungsraum heraus stechen die großen Metropolen, die der Region ein Gesicht geben: Duisburg, ganz im Westen, an der Mündung der Ruhr in den Rhein gelegen, ist schon immer für die Binnenschifffahrt von Bedeutung gewesen. Die Wasserwege und der große Industriehafen prägen das Stadtbild. Am Innenhafen hingegen haben sich Gastronomie, Kultur, attraktive Wohn- und Büroprojekte sowie ein kleiner Yachthafen etabliert. Ein besonderes Highlight der „Route der Industriekultur" ist der Landschaftspark Nord in Duisburg-Meiderich. Auf dem Gelände des stillgelegten Eisenhüttenwerks, dessen Hochöfen bei Einbruch der Dämmerung farbig illuminiert werden, finden Kulturveranstaltungen, aber auch sportliche Aktivitäten wie Tauch- und Klettersport statt. Weiter im Osten, in Oberhausen, ist die höchste Ausstellungshalle der Welt nicht zu übersehen: Europas größter Gasometer. Hier lassen sich Kunstwerke mit extremen Dimensionen inszenieren – beispielsweise das aus 20 350 Quadratmetern lichtdurchlässigem Gewebe und 4500 Metern Seil gefertigte „Big Air Package" des weltberühmten Künstlers Christo oder der mit einem Durchmesser von 25 Me-

tern größte „Mond auf Erden", der 2009/2010 anlässlich der „Sternstunden"-Ausstellung ein besonderes Raumerlebnis vermittelte. Auf der angrenzenden ehemaligen Industriebrache geht es weiter mit Superlativen im Ruhrgebiet: Hier steht das sogenannte CentrO, Europas größter Shopping- und Freizeitkomplex.

Das bedeutendste Industriedenkmal der Region steht jedoch in Essen. Das Weltkulturerbe Zollverein demonstriert eindrucksvoll die Komplexität der kohlefördernden und weiterverarbeitenden Industrie. Auf dem Denkmalpfad Zollverein erlebt man die Geschichte vom Zollverein hautnah. Die riesige Anlage beherbergt nicht nur das Ruhr-Museum, sondern auch das Design-Zentrum Nordrhein Westfalen, die Stiftung Zollverein und einen Standort der Folkwang Universität der Künste. Darüber hinaus finden hier immer wieder Großveranstaltungen statt. Überhaupt lockt Essen mit Hochkultur: Ob Museum Folkwang, Villa Hügel, Oper oder Theater – sie alle sind Top-Adressen.

Solche finden sich auch weiter östlich, in Bochum. Die Ruhrtriennale mit ihrer Hauptspielstätte, der Bochumer Jahrhunderthalle, zieht jedes Jahr ein internationales Kulturpublikum in die Universitätsstadt. Aber auch das traditionsreiche Bochumer Schauspielhaus und das Bergbau Museum haben überregionale Ausstrahlung. Bei jungen Menschen jedoch ist Bochum vor allem wegen seines berühmt-berüchtigten „Bermuda3ecks" bekannt. Hinter dem geheimnisvollen Namen verbirgt sich eine beeindruckende Ansammlung an Kneipen, Bars und Restaurants auf relativ überschaubarem Raum. Eine Fläche von nur etwa zwei Quadratkilometern bietet Ausgehfreudigen mitten in der Innenstadt über 7000 Plätze in der Gastronomie und rund 3000 Sitzplätze im Freien. Nirgendwo sonst kann man besser verloren gehen – finden jährlich rund drei Millionen Gäste, die das Bochumer Bermuda3eck besuchen.

In Dortmund gehen besonders junge Kreative neue Wege und tragen dabei maßgeblich zum Strukturwandel im Ruhrgebiet bei. Kaum ein anderes Gebäude steht im Ruhrgebiet so für den Strukturwandel wie das Dortmunder U. Als ehemaliges Brauereigebäude inklusive Brachfläche hat sich das U inzwischen zu einem vielbeachteten Kreativzentrum entwickelt.

Für Fremde eher überraschend: Neben quirliger Urbanität und lebendiger Industriegeschichte gibt es auch ein „grünes" Ruhrgebiet. Welche Highlights hier hervorstechen, lesen Sie auf Seite 82.

Der alte Wasserturm in Mülheim an der Ruhr beherbergt heute das Aquarius-Wassermuseum (o.). Auf der linken Seite: der Alte Markt von Dortmund, nicht nur im Sommer ein beliebter Treffpunkt (o.), das Grillo-Theater in Essen (l. u.) und leckere Fanartikel – nicht nur für Dortmunder ...

ALLES UNTER EINEM DACH

Das Frischesortiment von Niggemann besticht durch außergewöhnliche Produkttiefe

Wer die frischefreundlich gekühlte Markthalle des Bochumer Food Frischemarkts betritt, kann was erleben: Über 7000 verschiedene Produkte – Fleisch, Fisch, Gemüse, Krustentiere, Geflügel, Eier, Käse und vieles mehr – werden hier äußerst appetitlich präsentiert. Aber nicht nur die Vielfalt beeindruckt, sondern auch die Frische, die Qualität und vor allem die außergewöhnliche Produkttiefe, die Gastronomen und Lebensmittelhändlern hier geboten wird. Das Sortiment jeder einzelnen Abteilung gleicht dem eines Spezialitätengeschäfts – mit dem Unterschied, dass die Niggemann-Kunden alles unter einem Dach finden. Allein über 400 Käsespezialitäten, unzählige alte und neue Gemüsesorten, rund 30 verschiedene Olivenöle, etwa 150 verschiedene fangfrische Fische sowie eine imposante Fleisch- und Geflügelabteilung prägen das Sortiment des Familienunternehmens.

Dass der Niggemann Food Frischemarkt gerade im Bereich Geflügel, Fisch und Fleisch seine besonderen Stärken und Kompetenzen hat, lässt sich nicht zuletzt aus der Geschichte des Unternehmens ableiten: Als fahrender Eier- und Geflügelhändler hatte Werner Niggemann vor knapp 70 Jahren sein Geschäft gestartet. Mit der Entwicklung der Gastronomie erweiterte er, später gemeinsam mit seinem Sohn Herwig, nach und nach das Sortiment. Heute bietet beispielsweise der Fischmarkt sämtliche Fischarten, die auf einer Speisenkarte vorkommen können – und das immer topfrisch, da täglich geliefert wird. Edelfische vom wilden Adlerfisch bis zum Zackenbarsch hält Niggemann für seine professionellen Kunden ebenso bereit wie Süßwasser- und Räucherfische. Auch bei den Krusten- und Schalentieren ist die Auswahl riesig: Gastronomen, die Hummer, Langusten oder Austern im Repertoire haben, werden hier ebenso fündig wie Liebhaber von Krebsen, Garnelen oder Muscheln verschiedener Art.

Eine exquisite Auswahl bietet auch der Fleischmarkt von Niggemann. Hier sind es vor allem besonders hochwertige und seltene Fleischarten, die von den Kunden geschätzt werden.

Zutaten für Seeteufel-Saltimbocca an Risotto mit Radicchio

Dieses Rezept finden Sie auf der Seite 42

MARCA "TRE GHIANDE"
PioTosini
S.p.A
INDUSTRIA PROSCIUTTI
LANGHIRANO (PARMA) ITALIA
CASA FONDATA NEL 1905
LANGHIRANO (PARMA)
PARMA

Darunter beispielsweise Teilstücke vom Wagyu- und Angus-Rind, vom US-Ochsen aus Texas oder vom Duke-of-Berkshire-Schwein. Ganz neu im Sortiment ist das geschmackvolle Fleisch des aus Ungarn stammenden, schwalbenbäuchigen Wollschweins, das ebenso wie das des Duke-of-Berkshire-Schweins deutschlandweit exklusiv bei Niggemann zu kaufen ist. Wegen der engen und oftmals langjährigen Zusammenarbeit mit regionalen Zulieferbetrieben können über das Marktangebot hinaus auch individuelle Wünsche von Gastronomen oder Händlern berücksichtigt werden.

Die zweimal wöchentlich stattfindenden Einkaufsfahrten nach Paris-Rungis, dem größten Großmarkt der Welt, ermöglichen es, den Kunden ausgefallene und besonders frische Qualitäten zu liefern. „Weil die Kunden bei uns alles unter einem Dach finden, ist ein effizienter Einkauf garantiert", erläutert Geschäftsführer Rainer Altendeitering die Vorteile für Gastronomen. „Je bequemer der Einkauf ist, desto mehr Zeit bleibt für die Gäste!" Und auch wenn ein Besuch in dem Bochumer Abholmarkt selbst für Profis ein appetitanregendes Highlight darstellt, so trägt auch die Nutzung des Niggemann-Lieferservices zum zeitsparenden Einkauf bei. Aus inzwischen 25 Lieferwagen besteht der Fuhrpark, der täglich die von den Kunden online bestellten Frischeprodukte an Spitzenrestaurants und Lebensmittelgeschäfte in ganz Nordrhein-Westfalen ausliefert. Dennoch versteht sich Niggemann längst nicht ausschließlich als Unternehmen, das „die Kühlhäuser füllt", so der Geschäftsführer Altendeitering. Themenspezifische In-House-Seminare, die Beteiligung an städtischen Gourmetkonzepten wie dem „Menü-Karussell" und ein sich schnell entwickelndes Produktsortiment machen den Frischemarkt vielmehr zu einem anerkannten Berater und Ideengeber für die Gastronomie.

NIGGEMANN
FOOD FRISCHEMARKT GMBH
Geschäftsführer: Rainer Altendeitering
Speicherstraße 4-8
44809 Bochum
Telefon 02 34 / 90 37 00
www.niggemann.de

Trüffel

CUCINA ITALIANA ORIGINALE

Diego Palermo adelt einfache Produkte mit feinen Aromen

Im Land der Dichter und Denker studiert man zunächst gewissenhaft die Karte, wird dann total spontan und fragt, was der Chef heute empfiehlt … Diego Palermo genießt dieses Ritual seit Oktober 1998 in seiner authentisch italienischen Trattoria. Mit sanftem Blick scheint der in jeder Hinsicht große Koch die kulinarischen Gedanken seiner Gäste lesen zu können und notiert vorausschauend auf der Tafel alle zwei Tage frische Kreationen, die seine Kunden begeistern und von der Bedienung freundlich serviert werden. Das ist die ehrliche, unverfälschte Küche Italiens, die prinzipiell in allen Haushalten von Mailand bis Messina zu finden ist.

Hier in Rüttenscheid ist der Kühlschrank etwas größer, und aus ihm wählt Palermo konsequent die besten Produkte. Ihr unverfälschter Charakter spielt die Hauptrolle: Bei jedem Gang, von Antipasti über hausgemachte Nudelvariationen bis zu Meeresfrüchten, Fisch oder Fleisch, dominieren der Eigengeschmack sowie die spezifische Textur, die zum Beispiel mit Kräutern, Champagnersauce oder einem kräftigen Akzent von Gorgonzola aromatisch ausbalanciert wird. Bei aller Liebe zum Ursprünglichen: Die Extravaganz von Trüffel fasziniert Palermo. Den edlen Pilz interpretiert er jedoch höchst eigenwillig, kombiniert ihn – Achtung! – mit Spiegelei und erzielt durch diese Verbindung des Alltäglichen mit dem Besonderen unvergleichliche Geschmackserlebnisse. Die genießen seine Fans nicht nur in der Trattoria, sondern auch bei Feiern in der eine Treppe tiefer liegenden, großzügigen Vinoteca, wo im Weinkeller beste Tropfen aus der italienischen Heimat lagern.

Trüffel-Tortelloni

Dieses Rezept finden Sie auf der Seite 42

TRATTORIA TRÜFFEL DA DIEGO
Diego Palermo
Rüttenscheider Straße 114
45131 Essen
Telefon 02 01 / 72 11 10
www.trueffel-da-diego.de

presto

FLEXIBILITÄT IST TRUMPF

Der bescheidene Name täuscht: In Rödels Kochlokal wird hohe Kochkunst zelebriert

Heilbuttfilet mit Kürbis-Birnen-Estragon-Gemüse und Weißweinschaum

Dieses Rezept finden Sie auf der Seite 43

Ein Blick in das Gästebuch offenbart bereits einen Teil des Erfolgs, den das junge Inhaberpaar Grazyna und Thomas Rödel mit ihrem erst 2012 eröffneten Restaurant für sich verbuchen kann: „Vielen Dank für die übersichtliche und flexible Speisenkarte", steht da. Und wirklich: Bewusst finden sich nur wenige, dafür regelmäßig wechselnde Gerichte auf der Karte. Und: Da alle Speisen frisch zubereitet werden, können die Gäste ihr persönliches Menü kreuz und quer selbst zusammenstellen. Ein Hauptgang als Vorspeisenportion oder ein Zwischengang als Hauptgericht? In Rödels Kochlokal kein Problem! Was auf die Karte kommt, entscheiden Saison und Verfügbarkeit. Erdbeeren im Winter sind tabu, dafür gibt es irisches Rindfleisch und Fisch aus Wildfang. Klassisch deutsche Gerichte, kreativ neu interpretiert, sind die Spezialität von Küchenchef Thomas Rödel und seinem Team. Sie reichen Wagyu-Rind mit Zuckerschoten und Couscous oder Spanferkel mit Trüffelkruste und Pilztarte. Rödels Geheimnis: Hochwertige Grundprodukte werden mit viel Liebe, Zeit und handwerklichem Geschick verarbeitet. So bekommt zum Beispiel bei einer Crème brûlée das Zitronengras Zeit, vor dem Kochen einige Stunden lang die Sahne zu aromatisieren, und die Fonds und Saucen sind allesamt selbst gemacht.

Seine Lehre absolvierte Rödel in einem gutbürgerlichen Lokal, in der Dimberger Glocke lernte er danach die Sterneküche von Urs Bischof kennen. Aus beiden Erfahrungen hat er einen erfrischend eigenständigen Stil entwickelt, der in keine kulinarische Schublade passt. Rödels Frau Grazyna, Restaurantfachfrau und Betriebswirtin, ist für den Service und die handverlesene Weinkarte mit Schwerpunkt auf deutschen Weingütern zuständig. Zum krönenden Abschluss des Besuchs in Rödels Kochlokal gibt es eine der ausgesuchten Spezialitäten, die der gut bestückte, klassisch hölzerne Digestif-Wagen zu bieten hat. Und auch da ist man sich einig: „Welch eine Bereicherung für Dortmund!", steht im Gästebuch.

RÖDELS KOCHLOKAL
Inhaber: Grazyna und Thomas Rödel
Hermannstraße 164
44263 Dortmund
Telefon 02 31 / 39 96 81 37
www.kochlokal.de

Aperitif
Sekt oder Prosecco
mit
Versch. Fruchtlikören

KÜCHE OHNE DOGMA

Wo Vegan und Fleisch harmonisch nebeneinander existieren

Entdeckt ein Koch und gelernter Metzger seine Leidenschaft für Speisen, die vollkommen auf tierisches Eiweiß verzichten, schreibt er Genussgeschichte. Er muss Gelerntes nicht vergessen – er muss es neu denken. Sebastian Höhle ist so ein Koch. Ein junger dazu. Der erfindet sich schon zu Beginn seiner Laufbahn neu, und jeder, der diese Entwicklung in seinem Restaurant Rosmarin erleben darf, hat Glück. Sebastian Höhle ist quasi ein heimisches Gewächs und hat sein Restaurant in Hattingen doch nach einer mediterranen Pflanze benannt. Der Mann scheint Kontraste zu lieben und bleibt dabei ganz entspannt. Kann er auch. Sein Handwerk hat er von Grund auf gelernt. Nach Wanderjahren verwirklicht er seit 2009 seine kulinarische Vision mit dem eigenen Restaurant. Das ist klein und nicht so richtig fein. Einfach sehr schön. Ein Zuhause für die gesamte Schar der Genießer – von der Freundin eines saftigen Steaks bis zum Freund einer Rote-Bete-Lasagne mit Rosmarinchampignons … Männer bestellen erstaunlicherweise eher vegetarisch oder noch grüner – so die Erkenntnis eines Kochs, der auch gerne Gastgeber ist.

Schon zur Mittagszeit serviert das freundliche Team die Bestseller: gebratenen Ziegenkäse mit Honig und Salat, Hamburger Pannfisch mit Bratkartoffeln und Dijon-Senfsauce oder den heißgeliebten Schokokuchen – außen lauwarm und innen flüssig. Der Renner sind Höhles selbst gemachte Ravioli, die er ganz kreativ füllt, zum Beispiel mit pikanter Lammwurst. Dazu gibt es ein Glas aus dem exquisiten Bioweinangebot. Wer es mittags eilig hat, gibt vor seinem Besuch Speisewunsch sowie Ankunftszeit telefonisch durch. Dann steht das Essen zum gewünschten Zeitpunkt frisch gekocht auf dem Tisch. Bei gutem Wetter sogar auf der Terrasse. Fazit: So geht junge Küche.

Links: Mediterran gefüllte Lachsforelle

Dieses Rezept finden Sie auf der Seite 43

RESTAURANT ROSMARIN
Sebastian Höhle
Grünstraße 1
45525 Hattingen
Telefon 023 24 / 591 52 96
www.rosmarin-hattingen.de

Spargel-Schaumsüppchen mit
8.90
12.90
Ras El Hanout-Mayo
16.90
16.90
Lauwarmer Salat mit
22.90
22.90
26.90
9.90
9.90
7.90
9.00/15.00
WIR AKZEPTIEREN KEINE KARTEN-
ZAHLUNG!
Danke!

MÖRDERISCH LECKER

Ein Restaurant macht seine Gäste zu Wiederholungstätern

Gibt es das perfekte Verbrechen? Klar. Täglich auf vielen Tellern der Republik. David Tappeser schüttelt sich, wenn er an lieblos zubereitete Speisen denkt. Mit seinem Kompagnon und Koch, dem Elsässer Jean Mathis, tritt der Essener Restaurantfachmann den Gegenbeweis an und serviert das perfekte Gericht. Darüber können die Gäste seit Eröffnung im März 2012 urteilen, und sie sind schlicht begeistert, denn hier wird zwar spontan, aber nie im Affekt gehandelt. Das Restaurant ist eben ein „Tatort" für beste Küche: Anregende Aromen kommen zur Entfaltung, Produkte höchster Qualität werden neu interpretiert, deutsche und französische Küche der Extraklasse ergänzen sich mit asiatischer Note zu lässigem Gusto.

Wenn Mathis, der einst bei Jean-Claude Bourgueil im Schiffchen anheuerte und später im Spoon Food & Wine von Alain Ducasse in Paris kochte, morgens den Großmarkt durchstreift, hat er nur ein Motiv: Er will seine Gäste glücklich machen. Dafür arrangiert er mit seiner Brigade in kleiner Küche große Geschmackserlebnisse – jeden Tag neu und immer frisch. Eine Herausforderung, die sein kongenialer Partner im Service gerne annimmt. Ohne feste Karte und mit ausgesuchter Weinbegleitung formuliert und serviert Tappeser, der bei Maria Mintrop die exquisite Schule der Gastlichkeit erlernte, die Gerichte immer wieder neu und schenkt seinen Gästen absolute Aufmerksamkeit. Diese lieben die unkonventionelle Art im Tatort Essen, der darüber hinaus mit regelmäßig wechselnder Kunst unterhält. Anregender, aufregender und spannender als die gleichnamige Sendung ist es hier allemal. Mit Tappeser und Mathis sind die Gäste besonderen Genüssen auf der Spur und bezahlen mit viel weniger als ihrem Leben…

Auf der Haut gebratener Steinbutt mit Fenchel
Dieses Rezept finden Sie auf der Seite 44

TATORT ESSEN
David Tappeser und Jean Mathis
Rüttenscheider Straße 182
45131 Essen
Telefon 02 01 / 32 03 99 80
www.tatort-gastronomie.de

GRILL.GUT.

Das Bistecca zeigt die exklusive Kultur des Grillrooms

Porterhouse-Steak

Dieses Rezept finden Sie auf der Seite 44

Für die einen war es Mut, für die anderen Intuition: Im November 2009 eröffnete der Essener Erfolgsgastronom Franco Giannetti das Bistecca, schenkte seiner Stadt ein innovatives Genusserlebnis und wird inzwischen mit viel Lob bedacht. Dieses Ensemble distinguierter Gastlichkeit sowie Kulinarik, die ausschließlich auf frische, qualitativ hochwertige Fleischprodukte setzt, ist extrem anziehend. Der klar gegliederte Gastraum besticht durch edle Hölzer, dezente Farbgebung und feine silberne Akzente … die perfekte Bühne für das wirklich Wichtige: gute Gespräche und exzellente Küche. Erstes entwickelt sich hier wie von selbst, zuvorkommend begleitet durch den weinkundigen Gastgeber Giulio Fichera. Für Punkt zwei ist Küchenchef André Becker verantwortlich. Nach Stationen in den ersten Häusern der Republik entwickelt er im Bistecca eine Genusskultur, die Topware zu schlichten und zugleich spektakulären Speisen arrangiert. Auf den Punkt und ganz nach Wunsch der Gäste richtet Becker Wagyu, Black Angus oder US-Beef in sieben verschiedenen Garstufen an. Zuvor haben diese Fleischspezialitäten in der hauseigenen Reifekammer eine perfekte Konsistenz und Geschmacklichkeit erlangt. Wer mit dem extra angefertigten Steakmesser durch das Grillgut gleitet und kostet, will nie mehr bei einer Metzgerei in der Schlange stehen… Fisch und Meeresfrüchte aus Wildfang duften köstlich frisch – entführen in die Hamptons, die Bretagne, nach Sylt. Ein starker Espresso für den Herrn und ein angedeuteter Handkuss für die Dame beschließen den kleinen Ausflug. Für größere Gesellschaften ist das Bistecca übrigens auch erste Wahl: Das angrenzende Casino mit dem Restaurant bildet mit Platz für rund 200 Personen eine ganz besondere Location. Da bleibt man doch einfach hier und stellt fest: Yes, we can … too.

BISTECCA
Chefkoch: André Becker
Restaurantleiter: Giulio Fichera
Rüttenscheider Straße 2
45128 Essen
Telefon 02 01 / 74 71 69 31
www.bistecca-grillroom.de

Italien
CHATEAU
FONROQUE
VIDA ORGANICA
FRAGILE
BIRKIGT
SAN VICARIO
ORECCHIETTE
PINCINIA
LA CANORGUE

FÜR WAHRE GENIESSER

Vinum etc. bietet mehr als Wein und Delikatessen: Lebensqualität

Stadtwald … das sagt alles: In einem der schönsten Quartiere von Essen treffen sich urbanes Leben und ländliche Erholung. Ein prima Platz also für die schönen Dinge des Lebens. Deshalb hat der gebürtige Stadtwälder Volker Schmitz genau hier, wo Wochenmarkt, Buchhandel, Mode und Floristik zum entspannten Shopping in die Stadtwaldarkaden locken, sein Weingeschäft etabliert. Da durfte das Angebot von Vinum etc. nicht fehlen. Hell und freundlich empfängt der kleine Laden seine Kunden. Vom Einsteiger bis zum Connaisseur fühlen sich Weinfreunde hier sofort wohl. Denn das klare und schnörkellose Arrangement der begehrten Waren aus den klassischen Anbaugebieten Europas und aus Übersee zeigt: Genuss ist hier die Hauptsache.

Wer zunächst stöbern will, freut sich über die präzise und einfühlsam formulierte Kurzbeschreibung, die jedem Wein zugeordnet ist. Vielleicht stutzt jetzt der ein oder andere, da er nicht auf die bekannten Tropfen trifft: Für viele Besucher ist das Angebot von Vinum etc. neu, denn es besteht komplett aus Weinen, Perlendem und Destillaten mit zertifizierter Bioqualität. Eine echte Entdeckung also! Bei der Zusammenstellung des Sortiments hat Volker Schmitz eine überzeugende Balance zwischen Preis und Leistung hergestellt. Bereits für kleines Geld erhalten Entdecker des Bioweins einen ausgezeichneten Tropfen, der mit dem Namensvetter aus dem Supermarkt nichts gemein hat. Fachkundig berät Volker Schmitz und lässt die Besucher gern an seinem Wissen über Anbau, Ernte und Ausbau der Reben teilhaben. Neben dieser geistigen Nahrung gibt es echte Köstlichkeiten wie Öl, Essig, Oliven, Antipasta und Pasta sowie Marmelade, Fruchtaufstrich und Gebäck – natürlich in Bioqualität. Der einzige Zusatzstoff, den Volker Schmitz zulässt, heißt: Lebensqualität.

VINUM ETC.
Volker Schmitz
Frankenstraße 277 (in den Arkaden)
45134 Essen
Telefon 02 01 / 84 39 23 80
www.vinum-etc.de

FRÜHER SPORT – HEUTE GENUSS

La Cuisine Mario Kalweit gehört zu den kulinarischen Institutionen in Dortmund

Medaillon von Forelle und Aal mit Roter Bete, Buchweizencrêpe und Blutwurstsauce
Dieses Rezept finden Sie auf der Seite 45

Seit 1999 führen TV-Koch Mario Kalweit und seine Partnerin Susanne Thoenes im edlen Dortmunder Stadtteil Gartenstadt das Restaurant La Cuisine Mario Kalweit. In der ersten Etage einer ehemaligen Tennisclubvilla – übrigens dem ältesten Clubhaus Dortmunds – lädt das elegante Ambiente zum stilvollen Dinieren ein. In den warmen Monaten öffnen sich zudem die Flügeltüren zu einer großzügigen Terrasse mit Blick ins Grüne. Die Küche von Mario Kalweit lässt sich als modern-regional mit Anleihen aus dem Französischen beschreiben. Auch Produkte mit Seltenheitswert finden sich auf der stets wechselnden Speisenkarte: beispielsweise wilder Fenchel, grüner Cicorino sowie ausgefallene Fleischsorten wie Mangalica-Wollschwein oder US-Black-Angus-Rind. Bei der Zusammenstellung und Zubereitung der Speisen lassen sich der Küchenchef und sein Souschef Tobias Filthaut von dem Motto inspirieren: Neues kann nur entstehen, wenn man das Altbewährte beherrscht. Und so gehören Kreationen wie eine Roulade vom Schwäbisch-Hällischen Landschwein mit Sauerkraut, Kartoffelravioli und Hövelsbutter ebenso zu ihrem Repertoire wie Zander mit Brennesselsamen gratiniert, zu dem Schmorgurke und Eigelb-Senf-Creme serviert werden. Passend dazu empfiehlt Gastgeberin Susanne Thoenes einen guten Tropfen von der rund 160 Positionen umfassenden Weinkarte.

Trotz der teils aufwendig klingenden Speisenbezeichnungen ist die Atmosphäre in dem geschmackvoll eingerichteten Restaurant eher leger. Die Köche lassen sich – nur abgeschirmt durch eine große Glasscheibe – bei ihrer Arbeit zusehen, die Portionen machen satt, und wer mag, kann nach dem Essen sogar selbst gemachte Wurst im Glas oder exklusives Olivenöl mitnehmen. Apropos: Beinahe ebenso beliebt wie Mario Kalweits Kochkurse, die er im Restaurant abhält, ist das folgende Angebot: Man kann die von ihm vorbereiteten Küchenkreationen mit nach Hause nehmen, sodass man sie dort nur noch fertigzustellen braucht, kurz bevor die Gäste kommen.

LA CUISINE MARIO KALWEIT
Inhaber und Küchenchef: Mario Kalweit
Lübkestraße 21
44141 Dortmund
Telefon 02 31 / 531 61 98
www.artmanger.com

DIE EVOLUTION DES GESCHMACKS

Diergardts Kühler Grund hütet und fördert die gute Küche

Ein Restaurant, das sowohl exzellente Klassiker als auch innovative Kreationen ganz selbstverständlich auf einer Karte präsentiert? In Hattingen bei Diergardts Kühler Grund verzichtet man auf stilistische Festlegungen – nur beste Qualität sowie professionelles Handwerk zählen und machen das große Haus zum beliebten Treffpunkt für Feinschmecker in jeder Lebenslage. Kalbfleisch genießt man hier zum Beispiel ganz bodenständig als Wiener Schnitzel mit badischem Kartoffelsalat, steirischem Kren und Preiselbeeren. Oder es lockt die gehobene Variante in Form von Rückensteak mit Morchelkruste und Orangen-Cognac-Rahmsauce. Verantwortlich für dieses raffinierte Miteinander sind Vater und Sohn gleichermaßen. Beide haben in ausgezeichneten Küchen gelernt und gewirkt – und bringen ihr Wissen aus verschiedenen Epochen der deutschen Küche harmonisch in Einklang. Ein Gewinn für die Gäste: Sie schätzen die abwechslungsreichen, in der Karte erfreulich detailliert beschriebenen Speisen und die qualitätsvollen und zugleich bezahlbaren Weine, die der Junior auf Wunsch persönlich empfiehlt. Denn der ist nicht nur Koch mit Erfahrung aus der Sterneküche, sondern auch Winzer und Sommelier, der den hauseigenen Weinkeller mit Hingabe pflegt und für Verkostungen gerne öffnet. Als bestens vernetzter Kenner der Kochszene und ihrer Produkte holt er Wurstspezialitäten von der Insel Rügen, Räucherlachs aus der Eifel, Spargel aus Herten-Scherlebeck und Charolais-Ochse aus der Züchtung von Küchenchef Fritz Berghoff. „Freunde" nennen die Diergardts ihre Zulieferer – und dieses Vertrauen schmeckt man bei jedem Bissen, mit jedem Schluck. Ob geschäftlicher Lunch in diskreter Atmosphäre oder große Hochzeitsgala im hauseigenen Bankettbereich „Szenario": Die Genießer der Region vertrauen auf diese Küche der Generationen.

„Happy Roll" von Waltroper Mozzarella mit Bärlauchpesto

Dieses Rezept finden Sie auf der Seite 45

DIERGARDTS KÜHLER GRUND
Friedrich und Philipp Diergardt
Chefköche: Thomas Staretschek
und Fritz Berghoff
Am Büchsenschütz 15
45527 Hattingen
Telefon 023 24 / 960 30
www.diergardt.com

FRANCO

AUTENTICO ITALIANO

Die traditionelle Küche des Ristorante Oase Due ist ein verlässliches Stück Heimatkultur

Wenn Tiziano Girardi kocht, kann man seine Herkunft geradezu schmecken. Der Küchenchef, der gemeinsam mit seinem Freund und Schwager Franco Cadamuro bereits 1993 das Ristorante Oase Due in Essen-Rüttenscheid eröffnete, verehrt die italienische Küche. Er liebt sie so sehr, dass er sie weder durch Zutaten noch durch Zubereitungsweisen, die in seiner Heimat nicht üblich sind, verändert. Ob Olivenöle oder Trüffel – selbst das Mineralwasser wird aus Italien importiert. Das Ergebnis: eine Karte voller authentischer Gerichte, zubereitet ausschließlich aus hochwertigen, frischen Produkten und mit Liebe zur italienischen Kochkunst.

Dabei macht die Speisenkarte nur einen kleinen Teil dessen aus, was Gäste in dem familiären Ristorante geschmacklich erleben können. Kulinarische Tagesempfehlungen versprechen zusätzliche Abwechslung. Welche Fischgerichte es gibt, entscheidet sich oft erst beim Einkauf. Mal ist es Thunfisch auf Caponata Siciliana, mal Seeteufel mit Flusskrebsschwänzen. Zu den Spezialitäten gehören außerdem Geflügel und Wild in verschiedenen Variationen, zu denen der Küchenchef seine – wie Gäste behaupten: „unschlagbar köstliche" – hausgemachte Pasta oder einen Risotto serviert. Alle Gerichte werden frisch zubereitet und auch individuelle Sonderwünsche berücksichtigt. Dass es deshalb manchmal etwas länger dauert, bis das Essen auf dem Tisch steht, nehmen die Gäste gern in Kauf. Sie, wie im Übrigen auch die Tester von „Gault Millau" oder dem FEINSCHMECKER, schätzen die verlässlich gute, echt italienische Küche.

Franco Cadamuro, ein ausgemachter Weinkenner, versteht es, die Gäste mit exzellenten weißen oder roten Tropfen zu verwöhnen. Auch die Weine kommen, wie könnte es anders sein, ausschließlich aus Italien. Von ihren gemeinsamen Urlauben bringen die beiden Inhaber stets Neuentdeckungen noch unbekannter Winzer oder Raritäten mit, beispielsweise einen Ruché aus dem Piemont oder einen Schioppettino von La Sclusa aus dem Friaul.

Ossobuco mit Kräutern

Dieses Rezept finden Sie auf der Seite 46

RISTORANTE OASE DUE
Tiziano Girardi und Franco Cadamuro
Rüttenscheider Straße 189
45131 Essen
Telefon 02 01 / 79 06 40
www.oase-due.de

KÜCHE DER HARMONIE

Wo mediterraner Genuss auf italienischen Schick trifft

Villa Patrizia ... hier ist der Name Konzept und gleichzeitig Hommage an die Gastgeberin. Nobel und freundlich empfängt Patrizia Bodean im eleganten Ambiente und überrascht ihre Gäste mit Kreationen der ehrlichen italienischen Küche. Die sizilianische Großmutter hat ihr beigebracht, aus wenigen guten Zutaten ein schmackhaftes Mahl zu bereiten. Diesen Fundus traditioneller Speisen variiert Patrizia Bodean kreativ mit Gewürzen und Produkten, die ihr auf dem Markt und in der Fachliteratur begegnen. Dann hat sie das Bild schon im Kopf, den Geschmack auf der Zunge und macht sich daran, mit dem Koch ihres Vertrauens diese kulinarische Vision zu realisieren. Nico Bodean ist ihr perfekter Konterpart. Lebendig und jovial begleitet er den Aufenthalt der Gäste – Geschäftsleute beim Businesslunch, Freunde und Familien am Abend. Sie vertrauen ihm, lassen sich auf die Weinreise mitnehmen und genießen seinen natürlichen Charme.

Mit der Villa Patrizia haben sich die beiden Bodeans im Oktober 2012 – nach 13 erfolgreichen Jahren als Gastronomen in Oberhausen – ein kleines Fürstentum der Kulinarik geschaffen. Vom lauschigen Separée über den rustikalen Dachstuhl bis zum lichtdurchfluteten Wintergarten: In der Villa Patrizia kann der anspruchsvolle Feinschmecker ganz nach Wunsch verschiedene Stimmungen erleben – die Küche ist allerdings immer köstlich, der Service immer exzellent. Es wurde wirklich an alles gedacht, wie der kleine goldene Stuhl bezeugt, auf dem die Handtasche oder der Aktenkoffer am Tisch Platz findet. Eine Besonderheit: Die Cigar-Lounge wartet mit schweren Ledersesseln und einer Kollektion ausgesuchter Rauchwaren auf. Im Sommer holen die Bodeans etwas Riviera-Feeling auf die Terrasse. Die Villa ist also ein Ganzjahresereignis.

Zuppa di Cavolfiore alla Villa Patrizia

Dieses Rezept finden Sie auf der Seite 46

RISTORANTE VILLA PATRIZIA
Patrizia und Nico Bodean
Mülheimer Straße 213
47058 Duisburg
Telefon 02 03 / 33 04 80
www.villa-patrizia-online.de

BENVENUTI im IL Gambero
UNSERE EMPFEHLUNG:
VINO BIANCO
SAUVIGNON
0,25L

GENUSS AUF ITALIENISCH

Wo Qualität und Kochkunst auf sympathische Weise überzeugen

Über die Kochkünste von Bruno de Simone hört man nur Gutes. Mehrmals schon wurden ihm vom Schlemmer-Atlas zwei Kochlöffel verliehen, weitere Auszeichnungen sind die wiederholte Teilnahme am Dortmunder Menü-Karussell und am Gourmetfest „GourmetDo“. Das Konzept des vor vier Jahren in Dortmund-Brackel eröffneten Restaurants spiegelt die typischen Eigenschaften der beiden Betreiber wider: Küchenchef Bruno de Simone liebt und beherrscht die klassische italienische Küche, sein Neffe Daniel Östreich steht für gastronomische Leidenschaft und den Wunsch, mit dem gemeinsamen Restaurant etwas Einzigartiges zu schaffen. So viel vorab: Das Konzept geht auf. Köstliche, hausgemachte Pasta, superzarte, zehn Stunden lang geschmorte Ochsenbäckchen, frisch gebackenes Brot und eine wöchentlich wechselnde Tageskarte beweisen: Im Il Gambero wird das Kochen noch großgeschrieben. Je nach Saison stehen fünf bis sechs zusätzliche Gerichte zur Auswahl. Das kann Parmaschinken mit frischem grünem Spargel ebenso sein wie dry-aged Ochsenfilet auf hausgemachten Steinpilz-Ravioli. Jung, stilvoll und dennoch gemütlich ist das Ambiente: Zwischen fantasievollen Designerlampen und roten Sesseln fühlen sich junge und ältere Gäste gleichermaßen wohl. Und während der aus Neapel stammende Onkel mit kreativen Gerichten seiner Heimat erfolgreich die Gaumen der Gäste kitzelt, sorgt Restaurantleiter Daniel Östreich für einen perfekten Service und authentische Stimmung. So organisiert er beispielsweise italienische Abende, an denen die Gäste zum Vier-Gänge-Menü mit Weinbegleitung auch mit Livemusik verwöhnt werden. Kein Wunder, dass hier gerne Familienfeste gefeiert werden. Der persönliche Einsatz des gesamten Teams, die hohe Qualität der Speisen und die familiäre Atmosphäre sind geradezu geschaffen dafür, die Gäste des Il Gambero nicht nur satt, sondern auch glücklich zu machen. Übrigens: Auf Bestellung gibt's die berühmten haus- und handgemachten Nudeln auch zum Mitnehmen

Bovino al Norico – geschmorte Ochsenbäckchen

Dieses Rezept finden Sie auf der Seite 47

RISTORANTE PIZZERIA IL GAMBERO
Bruno de Simone und Daniel Östreich
Wickesweg 29
44309 Dortmund
Telefon 02 31 / 20 04 44
www.ilgambero.de

REZEPTE

Buon appetito: Zutaten für Saltimbocca vom Seeteufel an Risotto mit Radicchio (l.) und angerichtete Trüffel-Tortelloni (r.)

SALTIMBOCCA VOM SEETEUFEL AN RISOTTO MIT RADICCHIO

Niggemann, Seite 16

ZUTATEN FÜR 4 PERSONEN

FÜR SALTIMBOCCA: *800 g Seeteufelfilet, 8 Scheiben Parmaschinken, 16 Salbeiblätter, Olivenöl zum Braten, Salz und Pfeffer aus der Mühle*

FÜR DEN RISOTTO: *2 EL Olivenöl, 200 g Risottoreis, 400 ml Brühe, 1 Kopf Radicchio, 50 g Parmesan, Salz und Pfeffer aus der Mühle*

ZUBEREITUNG

Das Seeteufelfilet in acht gleich große Medaillons schneiden, mit einem scharfen Messer jedes Medaillon waagerecht so aufschneiden, dass es an einer Stelle noch zusammenhängt. Die einzelnen Medaillons aufklappen und leicht plattieren, jeweils mit Salz und Pfeffer würzen, mit je einer Scheibe Parmaschinken und zwei Salbeiblättern belegen und mit einem Holzstäbchen zusammenstecken. Anschließend abgedeckt kalt stellen.

Für den Risotto zunächst Olivenöl in einem Topf erhitzen, den Risottoreis hinzugeben und kurz anschwitzen. Anschließend einen Teil der zuvor erwärmten Brühe angießen, einmal verrühren und einkochen lassen. Diesen Vorgang so lange wiederholen, bis die gesamte Brühe verbraucht und der Reis al dente ist.

In der Zwischenzeit den Radicchio waschen, trocknen und in dünne Streifen schneiden. Radicchio danach mit etwas Olivenöl in einer Pfanne anschwitzen und mit Salz und Pfeffer würzen. Die angeschwitzten Radicchio-Streifen nun zum Risotto geben und zusammen mit dem gehobelten Parmesan unterheben.Zu guter Letzt erneut Olivenöl in einer Pfanne erhitzen und den Seeteufel von beiden Seiten je zwei Minuten braten.

ANRICHTEN

Den Risotto in vier tiefen, vorgewärmten Tellern anrichten und mit je zwei Seeteufel-Saltimbocca servieren.

TRÜFFEL-TORTELLONI

Trattoria Trüffel da Diego, Seite 20

ZUTATEN FÜR 4 PERSONEN

1 Packung frische Trüffel-Tortelloni Giganti à 250 g (erhältlich im gut sortierten Fachhandel), Olivenöl

FÜR DIE SAUCE: *200 ml Sahne, 1 Knoblauchzehe, 60 g Parmesan, frisch gerieben, 1 EL Trüffelöl, 20 g schwarzer Trüffel, 12 g Cherrytomaten, 20 g Parmesan, für die Dekoration in dünne Scheiben geschnitten, Salz und Pfeffer*

ZUBEREITUNG

Für die Menge Tortelloni passende Menge Wasser in einem großen Topf zum Sieden bringen. Die Tortelloni und etwas Olivenöl dazugeben. Die Temperatur herunterregeln. Steigen die Tortelloni an die Wasseroberfläche, sind sie gar gekocht.

Für die Trüffelsauce Sahne in eine Pfanne mit hohem Rand geben. Knoblauch abziehen, pressen und dazugeben. Die Flüssigkeit aufkochen lassen und den Knoblauch abseihen. Die fertig gekochten Tortelloni aus dem Wasser abschöpfen und in die Sauce geben. Den geriebenen Parmesan und das Trüffelöl dazugeben. Nach Geschmack salzen und pfeffern.

ANRICHTEN

Die Tortelloni mit der Sahnesauce auf vier Tellern verteilen. Mit einem scharfen Messer oder einer speziellen Trüffelreibe den schwarzen Trüffel in hauchfeine Scheiben schneiden und auf dem Gericht verteilen. Die Cherrytomaten waschen, halbieren und als Dekoration hinzufügen. Die dünnen Parmesanscheiben darüberstreuen.

Küchenchef Diego Palermo empfiehlt zu seiner Spezialität einen guten Tropfen des Traditionsweinguts Sella & Mosca, das auf Sardinien ansässig ist. Speziell der Vermentino di Sardegna harmoniert mit dem erdigen Aroma des Trüffels perfekt. Aus 100 % Vermentino-Traube, die ursprünglich in Spanien beheimatet war, keltert Sella & Mosca einen Weißwein, der mit komplexer Struktur und blumig-fruchtigen Aromen erfreut.

Feine Fischvariationen: Heilbuttfilet mit Kürbis-Birnen-Estragon-Gemüse (l.) und mediterran gefüllte Lachsforelle (r.)

HEILBUTTFILET MIT KÜRBIS-BIRNEN-ESTRAGON-GEMÜSE UND WEISSWEINSCHAUM

Rödels Kochlokal, Seite 22

ZUTATEN FÜR 4 PERSONEN
500 g Heilbuttfilet, Butterschmalz zum Anbraten, Meersalz

FÜR DAS GEMÜSE: *500 g Hokkaido-Kürbis, 400 g Birnen, Butterschmalz, Meersalz, 50 g Butter, 1 EL frischer Estragon, 150 ml Gemüsebrühe*

FÜR DEN WEISSWEINSCHAUM: *50 ml Fischfond, 50 ml Sahne, ein Schuss Weißwein, 1 EL Crème fraîche, Meersalz*

ZUBEREITUNG
Das Heilbuttfilet in 4 Portionen teilen, in Butterschmalz braten, mit Meersalz würzen und warm stellen.
Das Kürbisfleisch und die Birnen würfeln. Zunächst die Kürbiswürfel in Butterschmalz anbraten, anschließend die Birnenwürfel hinzugeben, mit Meersalz würzen und mit der Brühe ablöschen. Die Butter und den frisch gehackten Estragon dazugeben und unter mehrmaligem Schwenken so weit reduzieren lassen, dass der Fond das Gemüse glasiert. Falls der Kürbis noch nicht gar ist, etwas Gemüsebrühe nachgießen.
Für den Weißweinschaum den Fischfond mit der Sahne und einem Schuss Weißwein aufkochen, mit der Crème fraîche abbinden und mit Meersalz abschmecken.

ANRICHTEN
Zum Servieren das Gemüse mittig auf einem vorgewärmten Teller anrichten, den Fisch vorsichtig daraufsetzen, den Weißweinschaum mit dem Zauberstab aufmontieren und um das Gemüse herum anrichten.
Weinexpertin Grazyna Rödel empfiehlt dazu einen Grauburgunder Kabinett von dem Pfälzer Weingut Tina Pfaffmann.

MEDITERRAN GEFÜLLTE LACHSFORELLE

Restaurant Rosmarin, Seite 24

ZUTATEN FÜR 4 PERSONEN
1 Lachsforelle à 1 kg, pariert, Salz, Pfeffer aus der Mühle

FÜR DIE FÜLLUNG:
125 g getrocknete Tomaten, 1 Bund Rosmarin, 4 Knoblauchzehen, 150 g Ziegenkäse, 1 große unbehandelte Zitrone

FÜR DAS GEMÜSEBETT: *500 g Tomaten, 1 Bund Lauchzwiebel, 300 g Zucchini, 100 g schwarze Oliven, 200 ml Rotwein, 3 EL Olivenöl*

ZUBEREITUNG
Den Backofen auf 200 °C Umluft vorheizen. Lachsforelle waschen und trocken tupfen. Für die Füllung getrocknete Tomaten fein würfeln. Rosmarin waschen und trocken tupfen. Knoblauch schälen und fein würfeln. Ziegenkäse würfeln. Zitrone waschen, trocken tupfen, die Schale abreiben und den Saft auspressen. Getrocknete Tomaten, Zitrone, Ziegenkäse, Rosmarin und Knoblauchwürfel mischen.
Anschließend die frischen Tomaten, Lauchzwiebel und Zucchini waschen. Tomaten vierteln, Lauchzwiebeln und Zucchini in Stücke schneiden. Das frische Gemüse und die Oliven auf ein tiefes Backblech legen. Lachsforelle mit Salz und Pfeffer würzen und mit der mediterranen Kräutermasse füllen.
Lachsforelle auf das Gemüse legen, mit Rotwein begießen und mit Olivenöl beträufeln. Das Blech in den Backofen schieben und etwa 25 bis 30 Minuten garen. Mögliche Beilagen sind Baguette, gebratene Kartoffeln, Reis oder Salat.

REZEPTE

Raffiniertes Arrangement: Steinbutt mit dreierlei Fenchel und Vanilleöl (l.) – Perfekt gegrillt vom Profi: ein Porterhouse-Steak (r.)

AUF DER HAUT GEBRATENER STEINBUTT, DREIERLEI FENCHEL, VANILLEÖL

Tatort Essen, Seite 26

ZUTATEN FÜR 4 PERSONEN

1 Steinbutt (3–4 kg), 4 Schalotten, 4 Knoblauchzehen, Salz, Pfeffer aus der Mühle, 7 Fenchelknollen, 1 Flasche trockener Weißwein, Pernod, 1 Msp. Safran, Fischbrühe, 2 EL Zucker, 1 EL Fenchelsaat, Butter, 250 ml bestes Olivenöl, 1 Stange Tahiti-Vanille, Fleur de Sel

ZUBEREITUNG

Steinbutt filetieren, aus seiner Karkasse eine Fischbrühe herstellen.

Für das Fenchelpüree Schalotten und Knoblauch putzen, farblos anschwitzen, salzen und pfeffern. Von den insgesamt sieben Fenchelknollen erst mal vier in grobe Stücke schneiden und hinzufügen. Das Fenchelgrün als Gewürz und zur späteren Deko aufbewahren. Das Gemüse mit Weißwein und einem Schuss Pernod ablöschen, den Safran hinzufügen und mit Fischbrühe aufgießen. Auf kleiner Flamme köcheln, bis die Flüssigkeit komplett einreduziert ist, mixen, passieren und nochmals abschmecken.

Für den geschmorten Fenchel Zucker in einer Pfanne mit Fenchelsaat karamellisieren, mit Pernod und Weißwein ablöschen. Dann zwei Fenchelknollen in 5 mm dicke Scheiben schneiden, Strunk entfernen und in einer zweiten Pfanne kurz scharf anbraten. Anschließend die Scheiben in dem Sud schmoren. Geschmorten Fenchel entnehmen und den Sud mit einem kleinem Stück Butter und etwas Safran so weit reduzieren, dass eine gute Saucenkonsistenz entsteht, mit der der Fenchel nappiert wird.

Für die Fenchelchips den letzten der sieben Fenchel auf der Mandoline längs fein hobeln, kurz blanchieren, trocknen, frittieren, mit Salz und zerstoßener Fenchelsaat würzen.

Für das Vanilleöl restliches Olivenöl auf 80 °C erwärmen, ausgekratzte Vanilleschote hinzufügen und 30 Minuten ziehen lassen. Vanilleschote herausnehmen.

Ganz zum Schluss den anfangs filetierten Steinbutt auf der Haut braten.

ANRICHTEN

Als Erstes Püree und geschmortes Fenchelgemüse auf dem Teller anrichten, Steinbutt in die Mitte setzen, mit Fenchelgrün und Vanilleöl dekorieren und würzen, die Fenchelchips anlegen, etwas Fleur de Sel und frisch gemahlenen Pfeffer darüberstreuen.

PORTERHOUSE-STEAK

Bistecca, Seite 28

ZUTATEN FÜR 2 PERSONEN

1000 g Porterhouse-Steak, Murray River Salt, Pfeffer aus der Mühle

ZUBEREITUNG

Das Porterhouse-Steak auf dem Grill oder in der Pfanne zuerst auf der Knochenseite grillen, damit das Fleisch auch am Knochen erwärmt wird. Dann die Fettseite schön goldbraun grillen. Danach beide Seiten ca. 3 Minuten grillen und etwas drehen, damit das Steak das klassische Grillmuster annimmt. Anschließend das Porterhouse-Steak ca. 5 Minuten von beiden Seiten unter den Grillofen legen und schön karamellisieren lassen. Schließlich vom Knochen trennen und tranchieren. Nach dem Tranchieren Murray River Salt und frisch gemahlenen Pfeffer aus der Mühle über das Fleisch geben.

Giulio Fichera, der Maître des Bistecca, empfiehlt einen Rotwein von großer Nachhaltigkeit und Eleganz aus der Toskana: Tignanello, Jahrgang 2006. Dieser Cuvée aus 85 % Sangiovese, 10 % Cabernet und 5 % Petit Verdot ist ein Wein mit Kraft und Intensität. Er unterhält mit viel Frucht sowie Andeutungen von Vanille und Röstaromen. Der perfekte Begleiter zum puren Fleischgenuss.

Ein Augenschmaus: Medaillon von Forelle und Aal mit Roter Bete (l.) und „Happy Roll" von Mozzarella mit Bärlauchpesto (r.)

MEDAILLON VON FORELLE UND AAL MIT ROTER BETE, BUCHWEIZENCRÊPE UND BLUTWURSTSAUCE

La Cuisine Mario Kalweit, Seite 32

ZUTATEN FÜR 4 PERSONEN
8 Forellenfilets ohne Haut, Salz, 100 g Räucheraal (8 Stücke), weiche Butter zum Bestreichen, 4 Forellenhäute, Traubenkernöl zum Braten

FÜR DAS GEMÜSE: *400 g Rote Bete, etwas Butter, Salz, Himbeeressig*

FÜR DIE SAUCE: *5 Schalotten, 50 g Butter, 20 ml Rübenkraut, 100 ml Apfelsaft, 200 ml Geflügelbrühe, 200 g Blutwurst*

FÜR DIE CRÊPE-ROLLE: *100 g Mehl, 50 g Buchweizenmehl, 300 ml Buttermilch, 2 Eier, 30 g flüssige Butter, 30 g Zucker, etwas Orangensaft, Salz*

FÜR DIE FÜLLUNG: *100 g Frischkäse, 20 g Grieß, 2 Eigelb, Salz, Muskat, etwas Schnittlauch*

ZUBEREITUNG
Die Forellenfilets salzen, mit dem Aal belegen einrollen, nochmals salzen, mit weicher Butter bestreichen und bei 90 °C 15 Minuten im Ofen garen.
Die Forellenhaut ebenfalls salzen und in etwas Traubenkernöl in einer Pfanne kross braten.
Die Rote Bete kochen und in Quadrate schneiden. Diese zusammen mit etwas Butter in einem Topf erhitzen, mit Salz und Himbeeressig abschmecken.
Für die Blutwurstsauce zunächst die in Streifen geschnittenen Schalotten in der Butter glasieren, das Rübenkraut dazugeben, etwas karamellisieren und mit Apfelsaft und Geflügelbrühe auffüllen. Den Fond um ein Drittel einkochen, in einen Mixer füllen und mit der kalten Blutwurst fein mixen. Anschließend die Sauce durch ein feines Sieb passieren und vor dem Servieren erwärmen und aufschäumen.
Für die Crêpe-Rolle das gesiebte Mehl mit der Buttermilch verrühren. Eier mit einem Schneebesen kräftig anschlagen und gemeinsam mit der flüssigen Butter und dem Zucker unter den Teig rühren. Mit Orangensaft und Salz abschmecken. Eine Teflonpfanne erhitzen, mit Butter auspinseln und mit einem Löffel den Crêpe-Teig in die Pfanne geben. Ca. 2 Minuten braten, auf eine Folie stürzen und auskühlen lassen.
Die Zutaten für die Füllung (Frischkäse, Grieß, Eigelb, Salz, Muskat und Schnittlauch) gut miteinander verrühren, dünn auf die Crêpes streichen, fest einrollen, in Folie wickeln und mit Wasser bedeckt bei 75 °C ca. 15 Minuten garen.

ANRICHTEN
Die Crêpes aus der Folie rollen, schräg anschneiden und gemeinsam mit den Fischmedaillons, den Forellenhäuten, der Roten Bete und der Blutwurstsauce auf einem Teller anrichten. Als Dekoration empfiehlt Mario Kalweit etwas Rübenkraut, geriebenen Apfel und Bucheckernkresse.

„HAPPY ROLL" VON WALTROPER MOZZARELLA MIT BÄRLAUCHPESTO UND EIFELER RAUCHLACHS

Diergardts, Seite 34

ZUTATEN FÜR 4 PERSONEN
1 handgeschöpfte Mozzarellaplatte, ca. 1kg (Bezug über Saporita in Waltrop), 200 g Räucherlachs (von Sions Eifeler Räucherei in Müsch), ca. 4 Hände Wildkräutersalat (beim Gemüsehändler oder Bauernladen bestellen)

FÜR DAS PESTO: *100 g Bärlauch, 10 g grobes Meersalz, 200 ml mildes Olivenöl, 150 ml Sonnenblumenöl, 50 g geröstete Mandeln, 50 g Parmesan, gerieben*

FÜR DIE AVOCADOCREME: *1 Avocado (Sorte Hass), 1 EL Zitronensaft, 1 EL Honig, 2 EL Champagneressig, alternativ Weißweinessig, 50 ml Walnussöl, Salz, Pfeffer aus der Mühle*

ZUBEREITUNG
Die Mozzarellaplatte auf einem sauberen Geschirrtuch ausbreiten, trocken tupfen und mit Salz und Pfeffer würzen. Für das Pesto Bärlauch, Meersalz, Olivenöl und Sonnenblumenöl im Mixer pürieren. Mandeln und Parmesan zur Bärlauchmasse hinzugeben und

Klassiker schmecken immer: Ossobuco mit Kräutern (l.) und Blumenkohlsuppe mit Fenchel und Jakobsmuscheln (r.)

kurz grob mit den anderen Zutaten mixen. Zwei Drittel des Tuchs mit dem Pesto bestreichen und das obere Drittel freihalten. Den Lachs dünn aufschneiden und auf der mit Pesto bestrichenen Fläche auslegen. Die Hälfte des Wildkräutersalats locker auf dem Lachs verteilen. Mithilfe des Geschirrtuchs die Mozzarellaplatte zu einer Rolle drehen und mit Olivenöl bestreichen. Die Rolle mit Meersalz und Pfeffer würzen, in 3 cm dicke Scheiben schneiden und diese auf einem Teller anrichten.
Die Avocado halbieren, Kern entfernen und von der Schale befreien. Mit einem Kugelausstecher acht Kugeln ausstechen, mit etwas Zitronensaft, Olivenöl, Salz und Pfeffer marinieren. Die restliche Avocado mit Salz, Pfeffer, restlichem Olivenöl und Zitronensaft nach Geschmack zu einer groben Creme vermengen. Für die Vinaigrette Honig mit Salz, Pfeffer und Champagneressig verrühren. Den Zitronensaft unterrühren und das Walnussöl unterschlagen. Die Avocadokugeln und den restlichen Wildkräutersalat mit der Vinaigrette anmachen und platzieren. Restliches Bärlauchpesto nach Belieben als Sauce anrichten. Avocadocreme separat reichen. Alternativ können die Komponenten auch mit herkömmlichen Mozzarellakugeln angerichtet werden.
Als Wein empfiehlt Philipp Diergardt einen 2011er Oestricher Lenchen Riesling Kabinett vom Weingut Peter Jakob Kühn I Rheingau. Der biodynamische Riesling mit purem Pfirsich- und Zitrusaroma zeigt straffe Mineralik und eine sehr trinkfreudige Süße-Säure-Balance.

OSSOBUCO MIT KRÄUTERN

Ristorante Oase Due, Seite 36

ZUTATEN FÜR 4 PERSONEN

2 Knoblauchzehen, 40 g Butter, 1 EL Olivenöl, 4 Scheiben Kalbshaxe à 220–240 g, Mehl zum Bestäuben, Salz und Pfeffer aus der Mühle, ½ Zwiebel, ½ Glas Weißwein, ca. 250 ml Gemüsebrühe, 3–4 EL pürierte gehäutete Tomaten, 1–2 EL gehackte Kräuter (Rosmarin, Thymian, Petersilien, Majoran, Estragon)

ZUBEREITUNG

Die Knoblauchzehen schälen und dann im Ganzen in einer Pfanne mit Butter und Öl anbraten, aus dem Fett nehmen, wenn sie goldbraun sind. Die Kalbshaxen mit Mehl bestäuben und in dem heißen Knoblauchfett von beiden Seiten anbraten. Anschließend kräftig mit Salz und Pfeffer würzen. Die fein gehackte halbe Zwiebel hinzufügen und ebenfalls braun werden lassen. Mit dem Wein ablöschen, die Flüssigkeit leicht verdunsten lassen. Dann eine Suppenkelle Gemüsebrühe und 1 Glas Wasser angießen und die pürierten Tomaten hinzufügen.
Die Pfanne mit einem Deckel verschließen und das Fleisch bei kleiner Flamme 60 bis 70 Minuten gar köcheln lassen. Bei Bedarf zwischendurch weitere Brühe oder Wasser angießen. 15 Minuten vor Ende der Garzeit die gehackten Kräuter hinzufügen. Vor dem Servieren – falls nötig – überschüssiges Fett abschöpfen. Im Ristorante Oase Due wird zum Ossobuco Safran-Risotto serviert.
Empfehlung für Weißweinliebhaber: Ribolla Gialla, hergestellt aus der ältesten italienischen Weinrebsorte, die es nur in der Region Friaul gibt. Rotweintrinkern empfiehlt das Oase-Due-Team zum Ossobuco einen Raboso, hergestellt aus den Trauben eines kleinen Weinanbaugebietes am Fluss Piave.

ZUPPA DI CAVOLFIORE ALLA VILLA PATRIZIA

Ristorante Villa Patrizia, Seite 38

ZUTATEN FÜR 4 PERSONEN

1 großer Blumenkohl, 2 Bund wilder Fenchel, 1½ l Wasser, 50 g Risottoreis, 50 g Weizenmehl, 100 g Parmesan, gerieben, Salz, Pfeffer

ZUBEREITUNG

Blumenkohl und wilden Fenchel klein schneiden. Das Wasser zum Kochen bringen und die Gemüse hineingeben. Risottoreis hinzufügen, auf mittlere Temperatur regeln, ab und zu umrühren und 1 Stunde köcheln lassen, bis die Konsistenz der Suppe cremig ist.

Die in Rotwein geschmorten Ochsenbäckchen – Bovino al Norico – gehören zu den Highlights im Ristorante Il Gambero

Dann Mehl durch ein Sieb dazugeben und sofort gut umrühren, damit keine Klümpchen entstehen. Wer die Suppe geschmeidig mag, sollte die Masse pürieren. Zum Schluss den Topf vom Herd nehmen und den geriebenen Parmesan unterrühren.
Falls es auf dem Markt oder im Gemüseladen keinen wilden Fenchel gibt, kann auch eine große Fenchelknolle verwendet werden. Diese muss dann klein geschnitten und gleich zu Beginn mit dem Blumenkohl mitgekocht werden.
Je nach Geschmack und Anlass kann die Suppe zum Beispiel mit Jakobsmuscheln ergänzt werden. Die ausgelösten Muscheln dazu in Butter kross anbraten, mit einem Schuss Pernod ablöschen und auf die Suppe setzen. Mit etwas wildem Fenchel dekorieren.

BOVINO AL NORICO (OCHSENBÄCKCHEN AUF SIZILIANISCHER CAPONATA MIT KARTOFFELPÜREE UND NORICO-JUS)

Il Gambero, Seite 40

ZUTATEN FÜR 4 PERSONEN

FÜR DAS FLEISCH: *2 Ochsenbäckchen, Öl zum Braten, 5 Zwiebeln, 8 Karotten, 1 Knollensellerie, 4 Knoblauchzehen, 6 Pfefferkörner, 1 Rosmarinzweig, 1 Thymianzweig, 1 l Norico-Rotwein, 20 ml Balsamico-Essig, 2 l Kalbsbrühe, Salz und Pfeffer*

FÜR DIE CAPONATA: *2 Auberginen, 2 Zucchini, 1 rote Paprika, 2 Karotten, Olivenöl zum Braten, 2 Schalotten, 1 Knoblauchzehe, frischer Rosmarin, 400 ml Tomatensauce, Salz, Pfeffer aus der Mühle*

FÜR DAS KARTOFFELPÜREE: *400 g Kartoffeln, 50 g Butter, 50 ml Milch, Salz*

ZUBEREITUNG

Die Bäckchen vom Fett befreien, salzen und in etwas Öl von beiden Seiten scharf anbraten. Zwiebeln, Karotten und Sellerie schälen und in Scheiben schneiden. Zusammen mit dem ebenfalls in Scheiben geschnittenen Knoblauch, den Pfefferkörnern, Rosmarin und Thymian 5 Minuten in etwas Öl anrösten. Das Ganze mit ca. 500 ml Wein ablöschen und ca. 15 Minuten einköcheln lassen. Dann das Schmorgemüse mit den Bäckchen, dem restlichen Wein, dem Balsamico-Essig und der Brühe gemeinsam in eine Auflaufform (Bräter) geben und abdecken. Alles zusammen auf rund 80–100 °C für 8 bis 10 Stunden schmoren lassen. Im Anschluss den Bratenfond durch ein Sieb passieren und erneut 30 Minuten einköcheln lassen, um die finale Rotwein-Jus zu erhalten.
Für die Caponata die Auberginen, Zucchini und Paprika entkernen und in ca. 1 cm große Würfel schneiden. Karotten schälen und ebenfalls würfeln. Die Auberginen bei mittlerer Hitze in etwas Olivenöl braten. Die fein gewürfelten Schalotten und den Knoblauch untermischen und mit dem restlichen Gemüse kurz mitbraten. Alles mit Salz und Pfeffer würzen und nach Geschmack mit frischem Rosmarin verfeinern. Anschließend das Gemüse mit der Tomatensauce ablöschen.
Für das Kartoffelpüree die Kartoffeln schälen und 25 Minuten lang in Salzwasser kochen. In einem großen Topf die Butter mit 15 ml Milch schmelzen, die Kartoffeln durch die Kartoffelpresse hineinpressen und die restliche Milch unterrühren. Den Topf vom Herd nehmen und das Püree gut vermengen.

ANRICHTEN

Zum Anrichten die Caponata in die Tellermitte geben. Die in ca. 1,5 cm breit geschnittenen Bäckchen für ca. 5 Minuten in der fertigen Rotwein-Jus erhitzen und auf die Caponata türmen. Das Püree zu Nocken ziehen und links und rechts neben die Caponata platzieren. Mit der restlichen Jus verzieren.

Melting Pott, wohin man schaut: Märkte mit Kräutervielfalt und internationalen Spezialitäten sowie italienische Eisdielen sind aus dem Straßenbild nicht mehr wegzudenken

MELTING POT(T)

Verschiedene Nationalitäten haben auch kulinarisch ihre Spuren hinterlassen

Das Ruhrgebiet, das lange als „Pott“ verschrien war und sich seit der erfolgreichen Bewerbung um den Titel zur Kulturhauptstadt 2010 etwas vornehmer „Ruhrmetropole“ nennt, ist eine Einwanderungsregion – und das seit mehr als 100 Jahren. Die Jahrzehnte der Industrialisierung ab 1900 haben die Region entscheidend geprägt. Arbeitsplätze, vor allem die mit dem Bergbau verbundenen, haben Menschen ganz unterschiedlicher Herkunft angelockt. Allein in den knapp 20 Jahren zwischen 1895 und 1913 verdoppelte sich die Bevölkerungszahl des Ruhrgebiets von 1,5 auf 3,3 Millionen. Die ersten Immigranten, die wegen des Kohleabbaus im Ruhrgebiet sesshaft wurden, kamen aus Polen und Oberschlesien, später auch aus der Türkei und Italien, aus dem ehemaligen Jugoslawien und verschiedenen Ländern Osteuropas. Heute gehört die Ruhrmetropole mit rund 5 Millionen Einwohnern und einer Fläche von knapp 4500 Quadratkilometern zu den größten städtischen Ballungsräumen Europas – nach Moskau, Istanbul, London, Paris und der Region um Mailand, Genua und Turin. Menschen aus etwa 170 Nationen leben hier.

Die Frage, inwieweit die Integration all dieser Menschen unterschiedlicher Herkunft im Ruhrgebiet wirklich gelungen ist, wird nach wie vor kontrovers diskutiert. Fest steht: Sie alle brachten ihre vertrauten Lebensmittel und Essgewohnheiten mit in die Region und etablierten sie dort. Inzwischen gehören neben der westfälischen und der rheinischen Küche die Leibgerichte der polnischen, italienischen und türkischen Einwanderer zu den Säulen der heutigen Ruhrgebietsküche. Der „Pott“ war eben immer schon auch ein kulinarischer Melting Pot(t)!

Einwanderer aus dem Osten brachten vor allem Deftiges auf die Tische ihrer neuen Heimat: Wurstwaren oder die berühmten schlesischen Gurken. Aber auch preisgünstige Lebensmittel wie Kartoffeln in gekochter, gebratener oder pürierter Form. Aus Gemüse, das im eigenen Garten selbst angebaut wurde, bereitete man Eintöpfe wie Schnibbelbohnen oder

Kohl- und Graupensuppe zu. Spezialitätenrestaurants entwickelten sich aus dieser Kochtradition nicht. Man aß zu Hause. In den Kneipen der Berg- und Stahlarbeiter wurde das angeboten, was am besten zum Bier passt: beispielsweise Frikadellen mit Senf und Kartoffelsalat. Unter Tage gab es das, was in die Proviantdose passte: die Kniffte oder Stulle – ein zusammengeklapptes, mit Wurst oder Käse belegtes Butterbrot, dem der wortgewaltige Ruhrgebietskabarettist Jochen Malmsheimer mit seinem Sketch „Wurstbrot" ein großartiges Denkmal gesetzt hat.

Eine mediterrane Erweiterung der regionalen Speisenkarte erfolgte vor allem durch die Zuwanderung der Türken, Italiener, Spanier und Griechen ab Anfang der 1960er-Jahre. Heute reicht das Spektrum der südeuropäischen Gastronomie vom schnellen Pizzaservice über Döner- oder Gyrosbuden bis zur angesagten Tapas-Bar oder der Edel-Trattoria. Auch Restaurants der gehobenen türkischen und griechischen Küche haben sich in den letzten Jahren in der Szene etabliert. Aber nicht nur aus fremden Teilen Europas, sondern auch aus anderen Teilen Deutschlands kamen die „Gastarbeiter" ins Revier und lebten in den Bergarbeitersiedlungen des Ruhrgebiets. Ihre ursprüngliche Heimat waren der Niederrhein, Westfalen oder das Rheinland. Demzufolge findet man auf den Speisenkarten der gutbürgerlichen, vorzugsweise ländlich gelegenen Lokale des Ruhrgebiets vor allem Klassiker der westfälischen und rheinischen Küche. Deftige Hausmannskost wie Pfefferpotthast (kräftig gepfeffertes Gulasch aus Rind-, Kaninchen- oder Kalbsfleisch), Eintopfgerichte, Himmel und Erde (Stampfkartoffeln und Apfelmus mit gebratener Blutwurst und gerösteten Zwiebeln), Pumpernickel mit westfälischem Schinken, Panhas (Blutwurst) oder auch Muscheln auf rheinische Art und vieles mehr.

Heute werden die kulinarischen Traditionen der eigenen Heimat geschickt mit Einflüssen aus dem arabischen und asiatischen Raum kombiniert. Mit der daraus entstandenen sogenannten „One World Food" oder „Fusion Food" hat sich eine neue Küche entwickelt. Längst haben sich zahlreiche Spitzengastronomen mit der kreativen Mischung aus soliden, heimischen Zutaten und großer Experimentierfreude in die Herzen ihrer Gäste gekocht. Die Weiterentwicklung der traditionellen Ruhrgebietsküche, die es streng genommen ja gar nicht gibt, hatte sich beispielsweise der Verein „FC Ruhrgebiet" auf die Fahne geschrieben. Im Jahr 2005 gegründet, war es das erklärte Ziel der rund 20 ambitionierten, teilweise mit Sternen dekorierten Köche, im kreativen Zusammenspiel neue Maßstäbe zu setzen und der Metropole Ruhr eine innovative und individuelle Kulinarik zu bescheren. Auf ihrer Speisenkarte fanden sich deshalb so kuriose Gerichte wie „Strammer Max von der Wachtel mit Shiitake" oder „Rollmops von der Maischolle auf Perlgraupenrisotto mit Cacik". Inzwischen ist der Verein wieder Geschichte – geblieben aber ist der Gedanke: Ob alleine oder im Verbund, sie alle kochen gegen das angestaubte Image an, das vielen traditionellen Gerichten anhaftet – ein Phänomen, das übrigens nicht nur im Ruhrgebiet zu beobachten ist.

Mit Spezialitäten aus aller Welt kommen die Geschmacksnerven auf Touren: polnische Wurst, exotische Gewürze (l. u.), türkisches Blätterteiggebäck (l. o.)

Restaurant

ESSEN WIE GOTT IN FRANKREICH

Thomas Friedrich vereint die klassische französische mit der modernen Ruhrgebietsküche

Coq au Vin auf Rotisserie-Art

Dieses Rezept finden Sie auf der Seite 76

Dass die Liaison der weit voneinander entfernt liegenden Geschmäcker gelingt, ist dem Inhaber und Küchenchef der Rüttenscheider Rotisserie du Sommelier zu verdanken. Seitdem Thomas Friedrich, ausgebildeter Sommelier und Koch aus Passion, die Rotisserie 2004 eröffnete, ist sie stets unter den 600 besten deutschen Restaurants zu finden. Kein Wunder – mit Leichtigkeit stellt seine Speisenkarte eine kulinarische Verbindung zwischen den Regionen her. Mit saisonal wechselnden Menüs – ob französisches oder Heimat-Menü mit drei oder vier Gängen – zeigen er und sein zweiter Küchenchef Andre Kauke die ganze kulinarische Raffinesse, die sowohl Frankreich als auch das Ruhrgebiet zu bieten haben. Selbstbewusst steht der gedämpfte Rollmops vom Goldbutt neben der Terrine von Foie gras, und beim Hauptgang buhlen ein klassischer Coq au Vin und das Stielkotelett mit Rübstiel-Durcheinander um die Gunst des Gastes. Die frischen Produkte bezieht das Rotisserie-Team von kleinen Lieferanten aus Frankreich und der Rhein-Ruhr-Region. So kommen die Grafschafter Weinbergschnecken aus Moers, der Scamorza aus einer Käsemanufaktur in Waltrop. Und für seine Bayerische Creme verwendet der frankophile Gastronom lokalen Gerstensaft: Sie wird mit Borbecker Salonbier geschmacksveredelt.

Selbstverständlich – wie könnte es in dem von einem Sommelier geführten Restaurant anders sein – ist auch das Angebot deutscher und französischer Weine eine Klasse für sich. Die Karte umfasst rund 400 Positionen. Kenner schätzen zudem die Jahrgangstiefe, die Friedrichs Weinkeller bietet. Und so ist das im schlichten Bistrostil eingerichtete Restaurant, das sich in fußläufiger Nähe zur Messe Essen, zum Grugapark und zum Museum Folkwang befindet, eine echte Entdeckung für Freunde der natürlich-raffinierten Küche. Übrigens: Im Sommer lässt sich die deutsch-französische Freundschaft bei einem Glas Wein auf dem begrünten Platz vor dem Haus vertiefen.

ROTISSERIE DU SOMMELIER
Inhaber und Küchenchef: Thomas Friedrich
Wegenerstraße 3
45131 Essen
Telefon 02 01/959 69 30
www.rotisserie-ruettenscheid.de

HELLAS IN HATTINGEN

Die griechische Küche, frisch und modern

Das Beste vom Lamm mit Thymian-Jus,
Bohnengemüse und Kartoffelgratin
Dieses Rezept finden Sie auf der Seite 76

Griechen sind die geborenen Gastgeber. Zu diesem Schluss kommt Profigastronom Athanasios Chalos, wenn er über die Küche seiner Landsleute philosophiert. Seit Jahrhunderten haben sie dieses Gen in sich. Gekocht wird für viele: Familie, Freunde und Fremde, die nach einem guten Essen natürlich auch Freunde sind … Seit 1986 folgen Athanasios Chalos und seine Frau Martha ihrer wundervollen Begabung und bieten persönliche Gastlichkeit – zwar fern von Hellas, jedoch ganz nah der Hattinger Altstadt. Die Beschaulichkeit und Ruhe, die für die Gegend kennzeichnend sind, prägen auch die Stimmung im Poseidon. Modern, klar und ohne kitschiges Kunsthandwerk gestaltet, empfangen die großzügigen Räume den Gast. Gut, dass es so viel Platz gibt: Schon zur Mittagszeit strömen hungrige Hattinger hierher und genießen die frischen Kreationen. Traditionelle Gerichte ihrer Heimatregion Trikala – in der Nähe der berühmten Meteora-Klöster gelegen – verfeinern Martha und Athanasios Chalos mit mediterranen Aromen sowie einem Hauch asiatischer Küche. Besonders beliebt: der wohl beste Zaziki im Umkreis. Dafür verwenden sie Joghurt, den ihr Freund Apostel, geboren in dem kleinen griechischen Ort Ichalia, inzwischen in Deutschland produziert. Wie fast die Hälfte der Dorfbewohner Ichalias hatte er sich vor rund 40 Jahren auf den Weg nach Mitteleuropa gemacht und mit dafür gesorgt, dass sich die griechische Küche vom schnellen Snack zum abwechslungsreichen Genusserlebnis wandelte. Ein paar edle Tropfen hatten sie damals auch im Gepäck. Echte Feinschmecker lassen sich zu den Spezialitäten im Poseidon griechische Weine schmecken, die Chalos direkt importiert. Ebenso wie das feine Olivenöl aus Kreta. Fazit: Das Poseidon ist eine Insel mediterraner Köstlichkeiten, die schnell zu erreichen ist.

RESTAURANT POSEIDON
Martha und Athanasios Chalos
Brandtstraße 2
45525 Hattingen
Telefon 023 24 / 223 26
www.poseidon-restaurant.com

REINE VERTRAUENSSACHE

Piazza Navona verbreitet römische Grandezza und bietet gehobene italienische Küche

Es gibt sie zwar, brauchen tut man sie aber eigentlich nicht: Speisenkarten sind in Angelo Coppolas Restaurant Piazza Navona beinahe überflüssig. Am liebsten lassen sich die Gäste sowieso vom Chef selbst oder von seinen freundlichen und engagierten Mitarbeitern erzählen, welche tagesaktuellen Spezialitäten gerade angeboten werden. Mal bekommen sie als Vorspeise eine Fischsymphonie aus Thunfisch, schottischem Lachs und gegrillter Krake als Starter empfohlen, mal gebratene Kalbsleber auf Rote-Bete-Carpaccio. Nach einem Zwischengang mit frischer Pasta stehen je nach Saison verschiedene Fisch- und Fleischgerichte zur Wahl. Das kann ein Filet vom Seewolf ebenso sein wie ein zartes Kalbskotelett mit feinen Beilagen. Zum Nachtisch zaubert Inhaber und Küchenchef Angelo Coppola raffinierte italienische Desserts – beispielsweise flambierte Erdbeeren mit Zucotto, einer köstlich gefüllten Kuppeltorte.

Auch bei den passenden Weinen vertrauen die nicht selten prominenten Gäste – das Restaurant Piazza Navona gilt als „Esszimmer" der BVB-Funktionäre und -Spieler – auf die Empfehlungen des Hausherrn. Ob als Glas oder Flasche: Italienische Top-Weine runden das kulinarische Geschmackserlebnis ab. Wer mittags das Lokal des gebürtigen Römers besucht, wird zudem stets nach dem zur Verfügung stehenden Zeitfenster gefragt. Denn damit die Gäste ihre Mittagspause genießen können, wird die Zubereitung der Gerichte optimal auf den individuellen Terminplan abgestimmt. In den warmen Monaten laden zudem rund 50 Sitzplätze auf zwei Außenterrassen zum Verweilen ein. Inmitten der Dortmunder Gartenstadt und umgeben von Marmorsäulen, Buchsbäumchen und bequemen Korbmöbeln lässt sich das mondäne Ambiente italienischer Gastlichkeit besonders gut genießen. Übrigens: *Ein* typisch talienisches Gericht gibt es weder auf der Speisenkarte noch auf Empfehlung: Pizza sucht man hier vergebens!

Tagliolini mit Jakobsmuscheln und Safransauce
Dieses Rezept finden Sie auf der Seite 77

PIAZZA NAVONA
Inhaber: Angelo Coppola
Lübkestraße 9
44141 Dortmund
Telefon 02 31 / 427 72 70

La Turka

KLISCHEE ADE!

Das La Turka serviert türkische Küche ganz modern

Öküzgözü. Klar, so muss ein türkischer Wein heißen. Der kräftige Rote, gekeltert aus der autochthonen Rebsorte und Premiumtropfen des Weinguts Pamukkale, begleitet perfekt manch aromatisches Fleischgericht im La Turka. Und ist mit der Konzentration von Umlauten hier wohl die einzige Reminiszenz an eine verbreitete Vorstellung türkischer Kultur, die schon mal mit Folklore verwechselt wird ... Yavuz und Hidir Cagritekin, Brüder und Inhaber des Szenerestaurants, spielen mit den Genusswelten. Sie interpretieren exotische, orientalische Aromen ganz innovativ. Sie geben traditionellen Gerichten wie dem Auberginenmus Babaganoush mit Curry eine neue Note. Oder sie rösten die Kichererbse – in der Türkei ein alltäglicher Snack für zwischendurch – und machen sie, geschmackvoll zubereitet, zum exquisiten Partner auf dem fein arrangierten Teller.

Die Liebe zur bodenständigen türkischen Küche haben die zwei Cagritekins von ihrer Mama. Sie kann kochen wie keine andere, und die Jungs haben es ihr abgeschaut. Nur ist es dabei nicht geblieben. Mit Chefkoch Durak Durmus entwickeln sie die Gerichte weiter, bereiten diese in der offenen Küche zu und servieren sie im passenden Ambiente. Elegante Lüster, weinrote Wände, schwarze Stühle und große Fensterfronten rundum: Das moderne Interieur bildet den kühlen Kontrast zu emotionalen Speisen. Der Star im La Turka ist ohne Frage das Zusammenspiel der Kulturen, die Verwandlung deftiger Rezepte in feine Geschmackserlebnisse, das gute Leben. Da bildet die „Rü" – liebevolle Abkürzung für die belebte Rüttenscheider Straße – genau das richtige Umfeld. Im Sommer nimmt man gern vorm La Turka Platz und hat die Szene entspannt im Blick.

Links: Filet Beylerbeyi

Dieses Rezept finden Sie auf der Seite 77

LA TURKA
Inhaber: Yavuz und Hidir Cagritekin
Küchenchef: Durak Durmus
Rüttenscheider Straße 176
45131 Essen
Telefon 02 01 / 873 23 90
www.laturka.de

MAL TRAB, MAL GALOPP

Die Gangarten italienischer Küche im Ristorante Cavallino Rosso

Wer einen Aufgalopp der Köstlichkeiten erleben will, sollte das Ristorante Cavallino Rosso besuchen. Hier verwöhnt Apostolos Dochtsidis seit 1994 die Freunde moderner italienischer Küche. Bereits als junger Mann lernte der aufmerksame Gastgeber und Koch die Finessen der Gastronomie kennen, und bald war klar: Ein eigenes Restaurant macht nicht nur ihn, sondern auch seine Gäste zufrieden. Im Jahr 2007 kam Nino di Stefano als Jungkoch ins Team. Dochtsidis erkannte sein Talent und gab dem frisch Ausgebildeten eine Chance. Die wurde genutzt: Gemeinsam führen die beiden eine innovative Küche weiter, die wirklich alles – von den Saucen bis zum Dessert einschließlich der täglich frisch gebackenen Brote – selbst herstellt. Die frischen Kreationen kann man à la carte oder auch als Menü bestellen, der Service agiert professionell, und auch der Landhausstil des Restaurants – warme Farben, ausdrucksstarke Hölzer und geflochtene, bequeme Sitzgelegenheiten – trägt dazu bei, dass viele Gäste in Werden das Cavallino Rosso zu ihrem Lieblingsplatz erkoren haben. Kein Wunder, dass Familienfeiern, Treffen mit Freunden oder Geschäftspartnern hier regelmäßig in entspannter Atmosphäre stattfinden. Pferde, seien sie gemalt, getöpfert oder geschnitzt, schmücken dezent den gemütlichen Gastraum und begleiten Genussreisen aller Art. Hier kommen Freunde maritimer Speisen garantiert auf ihre Kosten. Tagesfrischer Fisch steht immer auf der Karte. Und sonst? Antipasti aller Art, Pasta sowie saisonale Fisch- oder Fleischgänge mit leichten Beilagen lassen noch Platz für Tiramisu, Crème Caramel oder Zabaione, hier mal als „Espresso-Special". Besonders schön: die lauschige Terrasse, wo Essen zur Erholung wird.

Schwarze Tortelloni mit getrüffelter Prosecco-Kastanien-Sauce und Riesengarnelen *Dieses Rezept finden Sie auf der Seite 78*

RISTORANTE CAVALLINO ROSSO
Apostolos Dochtsidis
Küchenchef: Nino di Stefano
Velberter Straße 126
45239 Essen
Telefon 02 01 / 40 49 77
www.ristorante-cavallinorosso.de

ZUCCA

DOLCE VITA IN RÜTTENSCHEID

Zwei Brüder versüßen ihren Gästen den Alltag

Auch ohne rosa Brille wird schnell deutlich, welche Farbe Muzaffer und Zafer Kök für die Einrichtung ihres stylishen Cafés Zucca bevorzugen: Rosa gestrichene Wände und leuchtend rote Sitzbänke vermitteln coolen Bistro-Chic, tageszeitlich passende Musik lädt zum entspannten Verweilen ein. Von morgens bis in die späten Abendstunden bieten die beiden Brüder und ihr Serviceteam hier leichte und gesunde Gerichte aus hochwertigen Produkten. Allein neun verschiedene Frühstücksvarianten und viele Extras entlocken auch eingeschworenen Morgenmuffeln ein glückliches Lächeln. Mittags stehen ausgefallene Business-Lunch-Menüs auf der Karte. Zwischendurch gibt es Baguettes, hausgemachte Antipasti, Salate, Pasta und Hauptspeisen. Vom vegetarischen Gemüseteller bis zum argentinischen Rumpsteak in Portweinsauce wird jedes Gericht frisch zubereitet. Die Hauptrolle jedoch spielen verführerische Desserts und Süßspeisen – schließlich ist der Name des Cafés Programm: Crêpes, Waffeln, Pfannkuchen, Crème Caramel oder Fondue au Chocolat sind nur einige der „zucca-süßen" Gaumenfreuden, die das Herz der Gäste immerr wieder höher schlagen lassen. Abends verwandelt sich das Café durch entsprechendes Licht und passende Musik in eine atmosphärische Lounge-Bar.

Seit sechs Jahren betreiben die Brüder ihr angesagtes Bistro-Restaurant auf der Rüttenscheider Straße. Vor nicht langer Zeit nahmen sie zudem die Gelegenheit wahr, auf der gegenüberliegenden Straßenseite ein weiteres Lokal zu eröffnen. Auch im Zizou, einem Mix aus deutsch-französischer Brasserie, exzellent bestückter Bar und orientalisch inspiriertem Ambiente, wird die Präferenz für die Lieblingsfarbe von Muzaffer und Zafer Kök deutlich: „Genuss immer wieder neu zu entdecken, ist die Philosophie, die sich wie ein ‚rosa Faden' durch unser gesamtes gastronomisches Denken und Handeln zieht", sagen die beiden.

CAFÉ ZUCCA
Inhaber: Muzaffer und Zafer Kök
Rüttenscheider Straße 75
45130 Essen
Telefon 02 01 / 815 91 59
www.cafe-zucca.de

ZIZOU
Rüttenscheider Straße 77-79
45130 Essen
Telefon 02 01 / 77 34 34
www.zizou.de

ACQUARIO
mocambo
FERRARI

PAPA DI PASTA

Göttlicher Nudelgenuss und mehr bei Riccardo und Francesco Papa

Tagliatelle con Pescatrice e Scampi
Dieses Rezept finden Sie auf der Seite 78

Es braucht nicht viel für ein exzellentes Essen: Nudeln al dente, Olivenöl, Tomaten und ein Hauch Knoblauch. Luxus verbreitet vielleicht hauchfein gehobelter Trüffel. Ansonsten sorgen richtige Balance, sorgfältige Zubereitung und vor allem hohe Produktqualität aus einfachen Zutaten für ein kulinarisches Erlebnis, wie man es in der Heimat der Brüder Riccardo und Francesco Papa täglich genießt: auf Sizilien. Dazu gibt es tagesfrischen Fisch, Meeresfrüchte, bestes Fleisch – alles abgerundet mit frischen Kräutern und einem knackigen Salat. Sahne? Die wird in dieser Küche sehr sparsam verwendet. Dafür finden Feinschmecker hier die gebratene Kalbsleber mit Salbeibutter – eben alle Klassiker der bodenständigen italienischen Küche, zu denen die passenden Weine ausgeschenkt werden.

Was im Ristorante Acquario von den Ragazzi des freundlichen Personals serviert wird, soll den Gast nicht zu langem Nachdenken über Komposition oder Textur anregen, sondern einfach Spaß machen. Man wählt in der Regel, was auf der Tafel steht, oder fragt direkt nach der Tagesempfehlung. Diese unkomplizierte Leichtigkeit der Speisen und die dazu passende Inszenierung kennzeichnen bereits den Mittagstisch und haben das Acquario zu einer kulinarischen Institution in Essen gemacht. Seit 1983 verwöhnen die Papas mit ihrer familiären Crew geschmacksbewusste Gäste in dem gemütlichen, leicht verwinkelten Gastraum oder auf der ruhigen Außenterrasse. Zum 30-jährigen Bestehen wurde das Ristorante Acquario einem Lifting mit einer prägnanten, modernen Note unterzogen, ohne seinen besonderen Charakter zu verlieren. Perfetto!

RISTORANTE ACQUARIO
Riccardo und Francesco Papa
Kaiser-Wilhelm-Platz 5
45276 Essen
Telefon 02 01 / 51 26 65
www.acquario.de

GASTGEBER AUS LEIDENSCHAFT

An der Stadtkrone Ost sind Internationalität und lässige Eleganz angesagt

Amerikanisches Hummerragout mit Risotto Milanese

Dieses Rezept finden Sie auf der Seite 79

Restaurant, Lounge, Bar – das Vetro muss sich nicht entscheiden, es ist alles in einem. Das beginnt beim coolen Ambiente und endet bei einer Küche, die auch verwöhnte Gaumen entzückt. Unmittelbar an der A 40 gelegen und umgeben von internationalen Firmen, deren Mitarbeiter sich hier gerne mit Geschäftspartnern zum Business-Lunch treffen, schafft das Vetro den Spagat zwischen großstädtischem Flair und entspannter Naturverbundenheit. Denn während man von der hinteren Terrasse in Südhanglage auf weite Felder blickt, ist der vordere Außenbereich eher zum Sehen und Gesehenwerden geeignet. Luftig und modern ist die Möblierung im Inneren, mit freier Sicht auf das Küchengeschehen und dezenter Beleuchtung am Abend.

Internationalität ist auch bei den Speisen angesagt: Sowohl die Tages- als auch die Abendkarte entpuppen sich als fantasievolle Erweiterung eines mediterranen Angebots. Mittags fällt die Wahl zwischen klassischen Suppen, knackigen Salaten, spanischen Tapas, indischem Curry und verschiedenen Pasta- oder Pizzaspezialitäten schwer. Angemessene Portionen, faire Preise – alles unter 10 Euro – und ein freundlich-fixer Service tragen zum Gelingen eines schnellen, aber anspruchsvollen Mittagessens bei. Am Abend steht Fine Dining auf dem Programm: Sechs Profiköche verwöhnen die Gäste mit saisonalen Köstlichkeiten aus aller Herren Ländern – von italienischen Klassikern wie Pasta mit Steinpilzen über regionale Gerichte wie Düsseldorfer Senfrostbraten oder Pfefferpotthast bis zum Burger mit Angus-Beef oder feinen Fischgerichten. Aber auch wer im Vetro nur einen entspannten After-Work-Drink an der Bar nehmen will, ist hier goldrichtig. Voller Vorfreude warten die Vetro-Fans übrigens schon auf den Herbst: Dann wird im obersten Geschoss des modernen Bürogebäudes ein Gourmet-Loft mit Dachterrasse eröffnet, das als coole neue Veranstaltungs-Location angemietet werden kann. Inklusive Vetro-Catering versteht sich.

VETRO
Stockholmer Allee 55
44269 Dortmund
Telefon 02 31 / 700 99 55
www.vetro-dortmund.de

Ich bin voll zufrieden!
CAOL ILA
MOCH

SCHOTTISCHE GASTFREUNDSCHAFT

New friends always welcome!

Bereits 1999 hat Schottland seine Unabhängigkeit erklärt – mitten in Europa, in Mülheim an der Ruhr, im Bannisters. Damals schufen Birgit und Peter Bannister, mit Restaurant und Pub und nach eigener Idee, eine Insel der Gemütlichkeit. Wer hier den schottischen Profikoch Peter Bannister kennenlernt, kann so manche Vorstellung über dessen Heimat direkt mit einem kräftigen Schluck Whisky – am besten ein Laphroaig aus dem erlesenen Angebot des Hauses – hinwegspülen. Peter trägt nie Kilt, mag irisches Bier und ist ein sehr großzügiger Mensch. Zusammen mit seiner Frau Birgit, gebürtige Mülheimerin und geborene Gastgeberin, entführt er seine Gäste in die Highlands des guten Geschmacks. Whisky, das Kultgetränk entspannter Menschen, ist der herzerwärmende Auftakt zu einer köstlichen, frischen internationalen Küche.

Peter kombiniert seine klassisch-französische Ausbildung mit kulinarischen Erfahrungen, die er auf Jersey und Malta gesammelt hat, wo er internationales Publikum verwöhnte. Heute gibt`s bei Bannisters täglich wechselnde und schottisch inspirierte Speisen: zum Beispiel heiß geräucherten Lachs mit Orangen-Senf-Sauce, Gänseleber-Pastete mit Portwein-Gelee und Brioche oder das schottische Nationalgericht Haggis, Neeps and Whisky (Lamminnereien mit Haferkörnern und Steckrüben, serviert mit einem Glas Whisky). Es folgen Braten vom schottischen Rind mit Guinness-Sauce oder Lammschulter mit Tomaten-Oliven-Thymian-Sauce. Schließlich pilgert man zu Peters Dessert-Buffet der kleinen Köstlichkeiten, die nicht extra berechnet werden, da im Preis der Hauptspeise inbegriffen … so viel zum angeblich schottischen Geiz. Sonntagmittags wird übrigens deutsch-schottische Freundschaft kulinarisch zelebriert: Der Sonntagsbraten trifft auf Sunday roast. Down to Earth – kein Problem im Bannisters.

Lamm-Zitronengras-Spieße mit Chili-Joghurt
Dieses Rezept finden Sie auf der Seite 79

BANNISTERS RESTAURANT UND PUB
Birgit und Peter Bannister
Kölner Straße 170
45481 Mülheim an der Ruhr
Telefon 02 08 / 48 30 02
www.bannisters.de

DURCH DIE GÄRTEN ASIENS

Von Sushi bis zur Reistafel – Oriental Garden bietet asiatische Spezialitäten aus vier Ländern

Hühnerbrust süß-sauer

Dieses Rezept finden Sie auf der Seite 80

Seit fast fünf Jahren versteht es das Bochumer Restaurant Oriental Garden bereits, seine Gäste mit typischen Köstlichkeiten aus verschiedenen Regionen Asiens zu verführen. Ob zur Mittagszeit oder am Abend, ob in trauter Zweisamkeit, mit Familie, Freunden oder Geschäftspartnern – die frisch zubereiteten Spezialitäten aus China, Japan, Thailand und der Mongolei sowie die zusätzlichen Buffets erfreuen sich bei den Gästen enormer Beliebtheit. So groß ist die Nachfrage, dass trotz der rund 400 Sitzplätze zu Spitzenzeiten manchmal Gäste warten müssten, berichtet der Geschäftsführer Danny Yeh. Liebhaber unterschiedlichster asiatischer Geschmacksrichtungen kommen hier voll auf ihre Kosten: Während mongolische Gerichte vor allem den Appetit auf Gegrilltes und Fleisch befriedigen, sind thailändische Gerichte oft von so exotischen Geschmacksnoten wie Zitronengras, Koriander oder Kokosmilch geprägt. Üppige chinesische Reistafeln für eine oder mehrere Personen, verschiedene Suppen, Tellergerichte inklusive einer Vorspeise und eine kleine Nachtischauswahl stehen ebenso auf der über 200 Gerichte umfassenden Speisenkarte wie Sushi-Variationen, die stets frisch und live vor den Augen der Gäste zubereitet werden.

Erlebnisgastronomie auch hier: An mehreren heißen Platten bereiten asiatische Köche frisch zu, was sich die Gäste zuvor selbst am Buffet zusammengestellt haben. Zur Wahl stehen rohe Zutaten wie knackiges Gemüse, verschiedene asiatische Nudelsorten, Geflügel, frischer Fisch, fettarmes Fleisch oder Meeresfrüchte. Jede vom Gast selbst kreierte Spezialität wird dann mit Saucen verfeinert und anschließend am Tisch serviert. Dass es bei einer solch umfangreichen Auswahl nicht beim einmaligen Spaziergang durch die kulinarischen Gärten Asiens bleibt, versteht sich von selbst ...

ORIENTAL GARDEN
Inhaber: Danny Yeh
Herner Straße 219-223
44809 Bochum
Telefon 02 34 / 956 63 95
www.orientalgarden.de

KLASSE, BRAVO UND OLÉ

Regionales trifft Mediterranes

Da haben sich zwei ihren Traum erfüllt … einen ganz großen. Das Landhaus Freesmann verkörpert in Architektur und Konzeption, was Inka und Steffen Ortmann schon immer vorschwebte, und schreibt deren persönliche gastronomische Geschichte konsequent fort: Sie lernte vorzügliche Gastgeberschaft auf Schloss Hugenpoet, er machte als gelernter Koch unter anderem Station bei Dieter Müller im Gourmetrestaurant Lerbach. Der kunstvolle Umgang des Sternekochs mit mediterranen Aromen hat Steffen Ortmann geprägt. Seit Eröffnung des Landhauses Freesmann im Jahr 2003 variiert er Kräuter, Pasta, Fleisch und vor allem Edelfisch in sensibler Manier: Gratinierte Jakobsmuscheln in Safransauce auf Blattspinat oder Red-Snapper-Filet auf Paprika-Safran-Sauce mit Gemüse und Bandnudeln locken die Feinschmecker. Gleichzeitig hat der weitgereiste Koch den Bezug zu seiner Heimat nie verloren und setzt regionale Spezialitäten wie Rauchmatjes mit Apfel-Gurken-Rahm parallel auf die Karte. Eine Mischung, die ebenso geschätzt wird wie das variantenreiche Ambiente und die vernünftigen Preise.

Für jede Stimmung, jeden Anlass bietet das Haus den passenden Platz. Ob lässig an der Bar, gemütlich in der Stube oder luftig auf der Terrasse: Die gehobene Landhausküche schmeckt überall. Ein paar Stufen die Treppe hinauf, heißt eine ganz andere Welt die Gäste willkommen. Unter den Dachschrägen haben die Ortmanns eine Tapas-Bar im coolen Design etabliert: das Tapeo. Viele köstliche Kleinigkeiten – vom spanischen Koch frisch zubereitet – locken die Gäste wirklich scharenweise hierher. Die Stimmung erinnert an den Strandurlaub auf Mallorca, und manchmal wird zu später Stunde noch getanzt … Erholung ist im Landhaus Freesmann also buchstäblich auf allen Ebenen garantiert.

Links: Karamellisierte Milchkalbsleber von „Peters Farm" auf Balsamico-Jus, Himmel & Erde und Trüffelbällchen

Dieses Rezept finden Sie auf der Seite 81

LANDHAUS FREESMANN
Inka und Steffen Ortmann
Heerstraße 335
46535 Dinslaken
Telefon 020 64 / 700 06
www.landhaus-freesmann.com

Bella Italia
BIERGARTEN

BELCANTO IN LÜNEN

Längst haben das Restaurant Bella Italia und sein singender Padrone Kultstatus erlangt

Eine Geschichte hat nicht nur das Eckhaus, in dem Antonio Rizzo und seine Frau Cristina ihr italienisches Restaurant führen – bei dem Gebäude handelt es sich um den ehemaligen Lüner Hof. Schöne Geschichten hört man auch über das Restaurant Bella Italia selbst: So wird das Lokal, das vor fast 30 Jahren als Familienbetrieb gegründet wurde, als „ältester Italiener“ in Lünen bezeichnet. Zu den wahren Geschichten gehört, dass der Padrone zu besonderen Gelegenheiten gern zum Mikrofon greift und bekannte Schlager aus der Heimat schmettert. Stimmungsvolle Klassiker wie „Volare“ und „Azzurro“ gehören ebenso zu Antonio Rizzos Gesangs-Repertoire wie „Che sarà“ oder „Tu vuò fà l'americano“. Die italienischen Abende, bei denen es zur Weinprobe auch Livemusik vom Inhaber selbst gibt, sind legendär. Ebenso wie die gut sortierte Weinkarte des gebürtigen Kalabresen, die er mit großer Leidenschaft pflegt: Ausgeschenkt werden gute und Spitzen-Weine, die jedoch allesamt bezahlbar sind, wie Rizzo betont. Dafür und auch für die täglich wechselnden, mit marktfrischen Produkten zubereiteten Gerichte wurden ihm bereits zahlreiche Auszeichnungen verliehen. Im neuen Aral Schlemmeratlas 2013 beispielsweise ist das Bella Italia zum wiederholten Mal mit zwei Kochlöffeln vertreten. Kein Wunder – von der mit appetitlichen Antipasti gefüllten Vorspeisenvitrine über Spaghetti mit frisch gehobeltem Trüffel bis zu Fleisch vom australischen Angus-Rind oder Goldbrassenfilet „alla Chef“ wird hier die feine mediterrane Esskultur gepflegt. Alleine im Inneren ihres Lokals haben die Rizzos und ihr freundliches Team Platz für 120 Gäste. Nochmal so viele können bei gutem Wetter auf der Terrasse im üppig begrünten Garten sitzen und ein Glas Wein und eine der vielen abwechslungsreichen Speisen genießen. Darüber hinaus bietet ein Gesellschaftszimmer geschlossenen Gruppen bis knapp 40 Personen die Möglichkeit zum gemütlichen Beisammensein.

Rote-Bete-Gnocchi mit Bärlauchpesto

Dieses Rezept finden Sie auf der Seite 80

BELLA ITALIA RESTAURANT GMBH
Inhaber: Antonio und Cristina Rizzo
Dortmunder Straße 1
44536 Lünen
Telefon 0 23 06 / 122 38
www.bella-italia-luenen.de

REZEPTE

Herzhaft-aromatisch: Coq au Vin auf Rotisserie-Art (l.) und das Beste vom Lamm mit Thymian-Jus und Bohnengemüse (r.)

COQ AU VIN AUF ROTISSERIE-ART

Rotisserie du Sommelier, Seite 52

ZUTATEN FÜR 4 PERSONEN

2 Freiland-Hähnchen à 1,2 kg (alternativ 4 Keulen und 2 Brüste mit Haut), Salz und Pfeffer aus der Mühle, Butter, 30 g frischer Trüffel, in dünne Scheiben geschnitten

FÜR DEN SUD BZW. DIE MARINADE:

50 g durchwachsener Speck, gewürfelt, 2 Zwiebeln, 2 Karotten, ½ Knollensellerie, 3 Knoblauchzehen, 50 g Schweineschmalz, 1 TL Zucker, ½ l Rotwein (Côtes du Rhône), 1 kleines Bund Thymian, 5 gestoßene Pimentkörner, 3 Wacholderbeeren, 1 Prise Zimt, 2 EL glatter Dijon-Senf, 6 EL Rotweinessig, 500 ml Hühnerbrühe

ZUBEREITUNG

Den Speck und das gewürfelte Wurzelgemüse im Schmalz anschwitzen, mit dem Zucker karamellisieren und mit dem Rotwein ablöschen. Alle restlichen Gewürze, Kräuter, Senf, Essig und die Brühe hinzufügen und eine halbe Stunde sanft köcheln lassen.

Wenn der Sud erkaltet ist, werden damit die Keulen vollständig bedeckt. Bei Bedarf kann der Sud mit etwas Wasser verlängert werden. Anschließend werden die Fleischstücke 2 Tage lang mariniert. Danach die Keulen trocken tupfen, von beiden Seiten anbraten, salzen, pfeffern und anschließend mit dem Sud für 2 Stunden im Backofen bei 175 °C garen.

Danach die Sauce durch ein feines Sieb passieren und auf die Hälfte reduzieren lassen. Bei Bedarf zum Binden mit kalter Butter aufmixen (oder mit Mehlbutter binden).

Die Hühnerbrust zwischen Haut und Fleisch mit dünnen Trüffelscheiben und etwas frischer Butter füllen und von beiden Seiten jeweils goldbraun braten (ca. 5 Minuten).

Zum Coq au Vin passt die klassische Burgunder-Gemüse-Garnitur aus grünen Bohnen, glacierten Karotten und sautierten Champignons.

DAS BESTE VOM LAMM MIT THYMIAN-JUS, BOHNENGEMÜSE UND KARTOFFELGRATIN

Restaurant Poseidon, Seite 54

ZUTATEN FÜR 4 PERSONEN

300 g Lammfilet, 280 g Medaillon vom Lamm, 400 g Lammkarree, in Stücke geschnitten, 1 Oreganozweig, 1 Thymianzweig, 300 ml griechisches Olivenöl, Salz und Pfeffer aus der Mühle

FÜR DAS KARTOFFELGRATIN: *600 g Kartoffeln, 1 TL Butter, 500 ml Sahne, 2 Prisen Muskatnuss, gerieben, 1 TL Salz, ½ TL Pfeffer, ½ Knoblauchzehe, fein gehackt, 100 g Graveria-Käse, gerieben*

FÜR DIE THYMIAN-JUS: *500 ml Lammfond, 200 ml griechischer Rotwein, 2 EL Butter, 1 Thymianzweig*

FÜR DAS BOHNENGEMÜSE: *800 g Bohnen, frisch oder TK, 1 dicke Zwiebel, 100 ml griechisches Olivenöl, 3 Dillstängel, 500 ml Gemüsebrühe, Salz, Pfeffer*

ZUBEREITUNG

Das Fleisch parieren, salzen, pfeffern. Oregano und Thymian vom Stängel abzupfen und das Fleisch damit würzen. Dann in eine Schüssel mit 300 ml Olivenöl legen und einen Tag im Kühlschrank lagern.

Kartoffeln schälen, in dünne Scheiben schneiden, erst danach waschen und abtropfen. Eine feuerfeste Form mit Butter fetten. Sahne, Muskat, Salz, Pfeffer und fein gehackten Knoblauch vermischen. Kartoffelscheiben und Sahnesauce vermischen und in die Form geben. 30 bis 40 Minuten im Ofen bei 200 °C mit Folie abgedeckt backen. Nach 20 Minuten den Käse darüberstreuen und weiterbacken.

Für die Thymiansauce Lammfond mit Rotwein mischen, erwärmen und reduzieren. Mit Butter binden. Den zweiten Thymianzweig abzupfen, hacken und hinzufügen. Die Sauce bei geringer Temperatur weiterköcheln lassen.

Bohnen putzen und in 2 l kochendem Wasser blanchieren. Zwiebel hacken. In einer Pfanne 100 ml Oliveöl erwärmen

Tagliolini mit Jakobsmuscheln und Safransauce (l.) und Filet Beylerbeyi mit Rucolapesto und Pistazien (r.)

und die gehackte Zwiebel darin andünsten. Bohnen mit kaltem Wasser abschrecken, abtropfen lassen und in eine Schüssel geben. Gedünstete Zwiebeln hinzufügen. Dill waschen, trocknen, abzupfen, hacken und ebenfalls dazugeben. Parallel 500 ml Gemüsebrühe erwärmen und über das Bohnengemüse gießen. Alles vermischen und mit Salz und Pfeffer abschmecken. Zum Schluss das Fleisch aus dem Kühlschrank holen und auf dem Grill oder in einer Pfanne medium anbraten.

ANRICHTEN

Zum Anrichten das Bohnengemüse und die Thymiansauce auf einen Teller geben. Das Fleisch mittig aufeinanderlegen und mit etwas Bratensaft übergießen. Kartoffelgratin mit Portionierring ausstechen und neben das Fleisch und Gemüse setzen.

TAGLIOLINI MIT JAKOBSMUSCHELN UND SAFRANSAUCE

Piazza Navona, Seite 56

ZUTATEN FÜR 4 PERSONEN

300 g Tagliolini (frische hausgemachte Bandnudeln)

FÜR DIE SAUCE: *1 kleine Zwiebel, Olivenöl, 12 Jakobsmuscheln, 100 ml Weißwein, 5-6 Kirschtomaten, 1 rote Chilischote, 50 ml Fischfond, 1 Prise Safran, gemahlen, Salz*

FÜR DIE DEKO: *4–5 Blätter Basilikum, 1 EL Petersilie, frisch gehackt, Olivenöl*

ZUBEREITUNG

In einer Pfanne die gewürfelte Zwiebel in etwas Olivenöl andünsten, die Jakobsmuscheln dazugeben und leicht anbraten. Mit dem Weißwein ablöschen, die halbierten Kirschtomaten hinzufügen und alles schwenken. Nun die klein gehackte Chilischote hinzugeben, den Fischfond angießen und die Sauce mit etwas Salz abschmecken.
Erst wenn die Sauce fertig ist, werden die Tagliolini gekocht – sie benötigen nicht mehr als 1 bis 2 Minuten Kochzeit. Die gegarten Nudeln zu der Sauce geben, den gemahlenen Safran, der der Sauce ihren schönen gelben Farbton verleiht, einstreuen und alles vorsichtig miteinander vermengen.

ANRICHTEN

Je eine Portion Pasta auf einen vorgewärmten Teller geben und mit den Basilikumblättern, der gehackten Petersilie und ein paar Tropfen gutem Olivenöl dekorieren.

FILET BEYLERBEYI

La Turka, Seite 58

ZUTATEN FÜR 4 PERSONEN

4 Lammfilets, 1 Thymianzweig, 1 Rosmarinzweig, 1 Knoblauchzehe, 150 ml Paprikaöl, 2 Schalotten, 2 Zucchini, mittelgroß, 1 TL Margarine, 8 Cherrytomaten, 1 Prise Oregano, getrocknet, Thymian, 1 Prise Pul Biber, 1 Msp. Knoblauch, 100 ml Weißwein, trocken, Salz und Pfeffer aus der Mühle

FÜR DAS RUCOLAPESTO: *1 Bund Rucola, 1 EL Pinienkerne, 1 EL Olivenöl*

FÜR DIE DEKO: *2 TL Pistazien*

ZUBEREITUNG

Thymian, Rosmarin und Knoblauch im Paprikaöl anrühren und die Filets darin ca. 3 Stunden marinieren. Schalotten abziehen, Zucchini waschen und alles in Scheiben schneiden. Die Margarine in einer Pfanne erhitzen und das Gemüse bissfest garen. Die Cherrytomaten halbieren und hinzufügen. Mit Oregano, Thymian, Pul Biber, Salz und Pfeffer sowie einer Messerspitze Knoblauch würzen. Mit trockenem Weißwein ablöschen und kurz schwenken. Parallel die marinierten Lammfilets von beiden Seiten grillen. Nach Geschmack mit Salz und Pfeffer nachwürzen.
Für das Rucolapesto den Salat putzen und mit den Pinienkernen in etwas Olivenöl kurz weich schmoren.

ANRICHTEN

Zum Anrichten das Gemüse mittig auf den Teller geben. Die gebratenen Lammfilets darauf platzieren und mit dem warmen Pinien-Rucola-Grün und den Pistazien dekorieren.

REZEPTE

Italienische Pasta-Gerichte: Schwarze Tortelloni mit Riesengarnelen (.) und Tagliatelle con Pescatrice e Scampi (r.)

SCHWARZE TORTELLONI MIT GETRÜFFELTER PROSECCO-KASTANIEN-SAUCE UND RIESENGARNELEN

Ristorante Cavallino Rosso, Seite 60

ZUTATEN FÜR 4 PERSONEN

1 Packung schwarze Tortelloni, gefüllt mit Ricotta und Trüffel, 8 Esskastanien, geschält, 1 Msp. Butter, 350 ml Prosecco, 200 ml Sahne, 1 Prise Muskat, 1 EL Parmesan, gerieben, 12 Riesengarnelen, sauber und mit Kopf, 2 EL Olivenöl, 2 TL Trüffelbutter, 4 EL Trüffelöl, schwarzer Trüffel, 6 Stängel glatte Petersilie, gehackt, Salz und Pfeffer

ZUBEREITUNG

Ausreichende Menge gesalzenes Wasser in einem großen Topf zum Kochen bringen und die Tortelloni darin garen. Parallel die geschälten Esskastanien in Scheiben schneiden. Butter in einer Pfanne erhitzen und die Esskastanien-Scheiben darin schwenken. Prosecco und Sahne hinzufügen und mit Muskat, Salz, Pfeffer und Parmesan bei mittlerer Temperatur köcheln lassen.
Während die Tortelloni garen und die Sauce leicht reduziert, die Riesengarnelen in Olivenöl braten, nach Geschmack salzen und pfeffern. Die reduzierte Sauce mit Trüffelbutter und Trüffelöl verfeinern. Anschließend die Tortelloni aus dem Wasser heben, abtropfen lassen, zur Sauce geben und schwenken.

ANRICHTEN

Die mit der Sauce vermengten Tortelloni auf vier Tellern verteilen. Vom schwarzen Trüffel einige Scheiben dünn abhobeln und auf den Tortelloni platzieren. Mit den gebratenen Riesengarnelen und der gehackten Petersilie garnieren. Dazu schmeckt ein Glas Roter aus Sizilien: Der Nero d´Avola rundet den nussigen Trüffelgeschmack wunderbar ab.

TAGLIATELLE CON PESCATRICE E SCAMPI

Ristorante Acquario, Seite 64

ZUTATEN FÜR 4 PERSONEN

1 Bund glatte Petersilie, 2 Frühlingszwiebeln, 2 kleine Knoblauchzehen, 200 g Seeteufel, frisch, 12 kleine Cherrytomaten, ca. 50 ml Olivenöl, 8 Scampi, mittelgroß mit Kopf und ohne Schale, 400 g Bandnudeln, 1 Schuss Wodka, ca. 200 ml Fischbrühe, 100 g Meeresalgen, Salz und schwarzer Pfeffer aus der Mühle

ZUBEREITUNG

Petersilie waschen, trocknen, fein hacken und zur Seite stellen. Frühlingszwiebeln und Knoblauch fein hacken. Seeteufel in Würfel schneiden. Die Cherrytomaten halbieren. Die Hälfte des Olivenöls in einer großen Pfanne, die später neben der Sauce noch Platz für die Nudeln hat, erhitzen. Den vorbereiteten Knoblauch und die klein gehackten Zwiebeln hinzufügen und kurz andünsten. Dann den gewürfelten Seeteufel dazugeben, alles gut schwenken und sofort die Scampi hinzufügen. Alles anbraten, bis diese eine rote Färbung annehmen.
Inzwischen ausreichend Wasser mit etwas Salz zum Kochen bringen, die Bandnudeln bissfest kochen und in einem Sieb abtropfen lassen. Den Fisch mit Wodka ablöschen und zunächst 100 ml Fischbrühe hinzufügen. Halbierte Cherrytomaten und Meeresalgen dazugeben. Alles 2 bis 3 Minuten auf niedriger Flamme köcheln lassen und mit Salz abschmecken. Jetzt die Bandnudeln vorsichtig unter die Sauce heben. Nach Bedarf die restliche Fischbrühe einrühren.

ANRICHTEN

Nudeln und Sauce auf vier Teller verteilen, dabei die Scampi dekorativ platzieren. Das restliche Olivenöl über die Speisen träufeln und die vorbereitete Petersilie darüber verteilen. Zuletzt mit frisch gemahlenem Pfeffer würzen. Als Weinbegleitung empfehlen Riccardo und Francesco Papa einen Vino Bianco als jungen Jahrgang: La Segreta vom Weingut Planeta.

Amerikanisches Hummerragout mit Risotto Milanese (l.) und Lamm-Zitronengras-Spieße mit Chili-Joghurt (r.)

AMERIKANISCHES HUMMERRAGOUT MIT RISOTTO MILANESE

Vetro, Seite 66

ZUTATEN FÜR 4 PERSONEN

FÜR DAS HUMMERRAGOUT: *2 lebende Hummer, 3 Kirschtomaten, etwas Romanesco, 3 EL Olivenöl, 30 g Butter, 150 ml Sahne, 100 ml Weißwein, Salz und Pfeffer, einige Basilikumblätter*

FÜR DEN RISOTTO: *300 g Risottoreis, 2–3 EL Olivenöl zum Anschwitzen, 60 g Butter, 50 g geriebener Parmesan, 1 l Fleischbrühe , 200 ml Weißwein, einige Safranfäden, Salz, Pfeffer*

ZUBEREITUNG

Für das Hummerragout die beiden Hummer kopfüber in sprudelnd kochendes Salzwasser geben und etwa 5 bis 6 Minuten garen. Anschließend sofort in Eiswasser abschrecken und die Hummer auseinanderbrechen. Olivenöl in einer Pfanne erhitzen und das zerkleinerte Hummerfleisch mit den Kirschtomaten und dem Romanesco anschwitzen. Butter, Sahne und Weißwein hinzufügen und mit Pfeffer und Salz würzen. Pfanne auf die Seite stellen und das Ragout ziehen lassen. Für den Risotto den Reis in etwas Olivenöl anschwitzen, die Brühe angießen und alles unter ständigem Rühren so lange kochen lassen, bis der Risottoreis cremig ist. Dann den Weißwein und die Safranfäden hinzugeben und alles noch mal 5 Minuten köcheln lassen. Ganz zum Schluss die Butter und den geriebenen Parmesan unterheben und mit Salz und Pfeffer abschmecken. Der Reis sollte noch eine leichte Körnung haben.

ANRICHTEN

Auf einem Teller jeweils eine Portion von dem Hummerragout und dem goldgelben Risotto anrichten und mit Basilikumblättern dekorieren.

LAMM-ZITRONENGRAS-SPIESSE MIT CHILI-JOGHURT AUF EINEM BETT AUS BASMATI-REIS

Bannisters, Seite 68

ZUTATEN FÜR 4 PERSONEN

FÜR DIE LAMMSPIESSE: *500 g Lammhack, 3 Schalotten, fein gehackt, 2 Knoblauchzehen, zerdrückt, 1 kleines Bund frische Minze, Saft einer halben Zitrone oder Limette, 1–2 TL Sambal Olek, nach Geschmack, 12 Zitronengras-Spieße, Salz und Pfeffer, 2 Frühlingszwiebeln zur Garnitur*

FÜR DIE CHILI-JOGHURT-SAUCEN: *200 g Joghurt, 1 Glas rote Thai Chili, 1 Glas grüne Thai Chili*

ZUBEREITUNG

Für die Lammspieße die Schalotten fein hacken, die Knoblauchzehen zerdrücken, die Hälfte der frischen Minze hacken, die halbe Zitrone auspressen. Alles mit dem Hackfleisch in einer Schüssel vermengen, salzen, pfeffern, nach Geschmack mit Sambal Olek würzen und in 12 gleich große Kugeln aufteilen. Dann – wie Cevapcici – um die Zitronengras-Spieße formen. Basmati-Reis, Couscous oder Reisnudeln kochen.
Die Joghurt-Saucen nach Geschmack zubereiten, indem der Joghurt auf zwei Schälchen verteilt und der Chili jeweils löffelweise hinzugefügt wird. Die Spieße grillen, braten oder rösten.

ANRICHTEN

Die fertigen Lammspieße auf einem kleinen Bett der gewünschten Beilage (Basmati-Reis, Couscous oder Nudeln) anrichten. Chili-Joghurt-Saucen dazuservieren – entweder über den Spießen verteilt oder separat in kleinen Schälchen reichen. Mit den restlichen Minzeblättern und gehackten Frühlingszwiebeln garnieren. Besonders dekorativ präsentiert man das Gericht auf Bananenblättern.
Lamm-Zitronengras-Spieße sind eine köstliche Vorspeise oder eine leichte Hauptspeise, ideal für Barbecues.

REZEPTE

Originelle Darbietungen: Hühnerbrust süß-sauer in Ananashälfte (l.) und Rote-Bete-Gnocchi mit Bärlauchpesto (r.)

HÜHNERBRUST SÜSS-SAUER

Oriental Garden, Seite 70

ZUTATEN FÜR 4 PERSONEN

600 g Hühnerbrustfilet, ca. 1 Tasse Weizenmehl, etwas Wasser, 1 TL Salz, Fett zum Frittieren

FÜR DIE SAUCE: *1 frische Ananas, 2 Paprikaschoten, 1 Karotte, 100 g Erbsen, Tomatenmark, Zucker nach Geschmack, 0,2 l Orangensaft, frisch gepresst, Kartoffelstärke*

ZUBEREITUNG

Zunächst die Ananas halbieren und auf beiden Seiten vorsichtig das Fruchtfleisch herauslösen. Beide Hälften sollten unbeschädigt bleiben, damit man das Gericht später in der Ananas servieren kann.

Für die Sauce das herausgelöste Fruchtfleisch der Ananas, die Paprikaschoten und die Karotte in feine Streifen schneiden. Gemeinsam mit den Erbsen im Wok oder in der Pfanne anbraten, nach Geschmack das Tomatenmark und den Zucker hinzufügen. Den frisch gepressten Orangensaft angießen und alles gut vermischen. Anschließend die Sauce mit etwas Kartoffelstärke binden.

Das Hühnerfilet in kurze Streifen schneiden. Weizenmehl mit etwas Wasser und Salz zu einem dickflüssigen Teig vermischen und die Fleischstreifen darin panieren. Nun die Stücke in heißem Fett goldbraun frittieren und anschließend zum Abtropfen auf Küchenpapier legen.

ANRICHTEN

Damit das frittierte Fleisch schön knusprig bleibt, wird es erst unmittelbar vor dem Servieren zu der süß-sauren Sauce gegeben und alles miteinander vermengt. Ein exotischer Servierschlag: Besonders schön sieht es aus, wenn das Fleischgericht in den Ananashälften serviert wird.

ROTE-BETE-GNOCCHI MIT BÄRLAUCHPESTO

Bella Italia, Seite 74

ZUTATEN FÜR 4 PERSONEN

1 kg mehlig kochende Kartoffeln, 3 Stück Rote Bete, vorgekocht, 240 g Mehl, 1 Ei, 30 g Butter, Salz

FÜR DAS BÄRLAUCHPESTO: *80 g frischer Bärlauch, 100 g geschälte Mandeln, 50 g Pecorino (oder Parmesan), 200 ml Olivenöl, Saft von ½ Zitrone, Salz und Pfeffer, evtl. etwas Römersalat oder Petersilie*

ZUBEREITUNG

Für die Gnocchi zunächst die Kartoffeln mit Schale gar kochen, anschließend pellen und pürieren. Die vorgekochte Rote Bete ebenfalls pürieren und unter das Kartoffelpüree mischen. Danach die Masse auf eine glatte Granit- oder Marmorplatte streichen. Das Mehl darüber verteilen. Dann das Ei aufschlagen und zu den Zutaten geben. Nun wird alles miteinander verknetet, auch die Butter mit untermischen. Den Gnocchi-Teig so lange kneten, bis eine homogene, relativ feste Masse entsteht. Daraus etwa 2 cm dicke Stangen rollen und diese in rund 3 cm lange Stücke schneiden. Anschließend werden die Gnocchi 5 bis 6 Minuten in sprudelnd kochendem Salzwasser gegart.

Für das Pesto alle Zutaten (außer Salz und Pfeffer) gemeinsam pürieren und anschließend nach Geschmack mit Salz und Pfeffer abschmecken. Der intensive Bärlauchgeschmack kann bei Bedarf durch Zugabe von einigen Salatblättern und/oder Petersilie etwas gemildert werden.

ANRICHTEN

Zum Anrichten zunächst einen Saucenspiegel aus dem Pesto auf den Teller geben, darauf die Rote-Bete-Gnocchi setzen und noch ein wenig Pesto darüberträufeln. Das Ganze mit frisch gehobeltem Pecorino abrunden.

Ohne Käse passt das Pesto übrigens auch hervorragend zu vielen Fischgerichten, beispielsweise zu Lachs, Gambas oder Kabeljau.

Das Auge isst mit: Die karamellisierte Milchkalbsleber von „Peters Farm" ist eine Kreation aus dem Landhaus Freesmann

KARAMELLISIERTE MILCHKALBSLEBER VON „PETERS FARM" AUF BALSAMICO-JUS, HIMMEL & ERDE UND TRÜFFELBÄLLCHEN

Landhaus Freesmann, Seite 72

ZUTATEN FÜR 4 PERSONEN

FÜR HIMMEL & ERDE: *500 g Kartoffeln, 50 g durchwachsener Speck, 50 g Schalotten, 1 EL Butter, 1 säuerlicher Apfel, 1 Birne, 40 ml Zitronensaft, 20 ml Calvados, 5 Butterflöckchen, Muskat, Salz, Pfeffer*

FÜR DIE TRÜFFELBÄLLCHEN: *1 Eigelb, 1 EL Mehl, weißer Trüffel nach Belieben, 1 EL Mehl, 1 Ei, 2 EL Paniermehl, 10 Tropfen Trüffelöl, Salz, Pfeffer*

FÜR DIE MILCHKALBSLEBER: *500 g Milchkalbsleber, 2 EL Butterfett, 2 EL alter Balsamico, 4 EL Apfelsaft, 200 ml heller Kalbsfond, 5 Butterflocken, 2 EL Zuckerrübensirup, Salz, Pfeffer*

ZUBEREITUNG

Für Himmel und Erde die Kartoffeln schälen, kochen, abdampfen lassen und durch eine feine Presse drücken. 100 g der Kartoffelmasse für die Trüffelbällchen zur Seite stellen. Speck und Schalotten würfeln und in Butter glasig andünsten. Apfel und Birne ebenfalls würfeln und mitandünsten. Alles mit Zitronensaft und Calvados ablöschen und mit einigen Butterflöckchen unter den Kartoffelstampf ziehen. Mit Salz, Pfeffer und Muskat abschmecken.
Jetzt für die Trüffelbällchen den restlichen Kartoffelstampf mit Ei, Mehl, Trüffel, Pfeffer und Salz vermengen. Kleine Bällchen formen und in etwas Mehl, Ei und Paniermehl wälzen und im 160 °C heißen Fett ausbacken. Mit einigen Tropfen weißem Trüffelöl tränken.
Die Milchkalbsleber von der feinen Haut befreien und in kleine Medaillons schneiden. Kurz in heißem Butterfett von beiden Seiten anbraten und warm stellen. Den Bratensatz mit altem Balsamico und Apfelsaft ablöschen, mit Kalbsfond aufkochen und um die Hälfte einkochen. Mit einigen Butterflocken abbinden und mit etwas Salz und Pfeffer würzen. Zum Schluss auch noch die Leber mit Salz und Pfeffer würzen und mit Zuckerrübensirup bei Oberhitze im Ofen leicht karamellisieren lassen.

ANRICHTEN

Als Garnitur eignet sich feine geräucherte Mettwurst, die kurz im Ofen erwärmt wurde.

Warum in die Ferne schweifen? Hübsch ist`s auch in der Altstadt von Kettwig (o.), beim Rudern auf der Ruhr oder im Dortmunder Westfalenpark (r.)

AB INS GRÜNE!

Flüsse, Seen und Wälder: In der Ruhrmetropole locken viele Naherholungsgebiete

Das Ruhrgebiet bietet mehr als lebendige Industriegeschichte und quirlige Urbanität. Daneben findet der Erholungsuchende Ruhe an Stauseen, auf Rad- und Wanderwegen oder in zahlreichen Golfclubs. Restaurants und Biergärten im grünen Ruhrgebiet laden zum Verweilen und Genießen ein. Ob auf dem 230 Kilometer langen „Ruhrtalwanderweg“ (von der Quelle im Sauerland bis zur Mündung in den Rhein bei Duisburg) oder auf der „Römer-Lippe-Route“ (von Detmold bis Xanten), die Anfang 2013 eröffnet wurde: Radler und Wanderer können das Ruhrgebiet als pulsierende und geschichtsträchtige Metropole erleben. Oder auch als einzigartige Naturlandschaft. Ein insgesamt 250 Kilometer langes Wassernetzwerk – bestehend aus insgesamt vier Flüssen und vier Kanälen – prägen das Landschaftsbild. Zahlreiche Badeseen, Naturfreibäder, Baldeney-, Harkort- sowie der Kemnader Stausee locken Wassersportfreunde, Rollerskater und Picknickfreunde an.

Dass das Ruhrgebiet auch ausgedehnte Wälder mit zum Teil sehr altem Baumbestand zu bieten hat, überrascht vielleicht am meisten. Das Weitmarer Holz (Bochum), die wegen ihrer überraschenden Steigungen sogenannte Elfringhauser Schweiz (Hattingen) sowie der Hiesfelder und der Sterkrader Wald (Oberhausen) sind beliebte Ziele von Spaziergängern, Mountainbikern oder Reitern. Und wer sich für die erdgeschichtliche Frühzeit der Region interessiert, der ist im 4500 Quadratkilometer großen GeoPark Ruhrgebiet genau richtig. Der Bergbau gestaltete die Region nicht nur entscheidend um, sondern eröffnete auch eindrucksvolle Einblicke in die Tiefe der Erd(ge)schichten. Geologie zum Anfassen!

Eldorado für Wassersportler, Ausflügler und Sonnenanbeter: Der Baldeneysee ist ein herrliches Naherholungsgebiet

TRADITION TRIFFT INNOVATION

Haus Stemberg verspricht raffinierte Gaumenkitzel

Lauwarmer Spargelsalat mit Gambas in Bärlauch-Vinaigrette und Hummerschaum *Dieses Rezept finden Sie auf der Seite 114*

„Zwei Küchen von einem Herd" lautet das Erfolgsrezept von Haus Stemberg. Was so viel heißt wie: Die Gäste des ebenso stilvollen wie gemütlichen Landgasthauses finden eine einzigartige Auswahl an regionalen Klassikern und Neuer Deutscher Küche. Verantwortlich dafür ist Sascha Stemberg, Mitglied bei „Jeunes Restaurateurs d`Europe, Sektion Deutschland", einer Vereinigung von Spitzenköchen, die sich der innovativen deutschen Küche verpflichtet haben. Nach Wanderjahren in der Sterne-Gastronomie ist er im Jahr 2003 an den heimischen Herd zurückgekehrt und hat bei seinem Vater Walter die Position des Küchenchefs übernommen. Er versteht es aufs Vortrefflichste, Bodenständig-Heimisches durch internationale Gourmettrends zu bereichern. Gebratene Blutwurst nach altem Hausrezept – von süchtig-machend ist im Restaurantführer „Gault Millau" die Rede – behauptet sich da ganz selbstverständlich neben Rücken vom wildem Kabeljau oder einem gelierten Holunderblüten-Süppchen. In vierter und fünfter Generation wird das gastliche Haus, das im nächsten Jahr 150 Jahre „jung" wird, von der Familie Stemberg geführt. Längst hat es sich zu einer der ersten kulinarischen Adressen im Bergischen Land entwickelt, an der Behaglichkeit, Tradition und Qualität höchste Priorität haben – sowohl bei einem kleinen individuellen Menü als auch bei größeren Festlichkeiten. Gerade bei den in seiner Küche verwendeten Lebensmitteln setzt Sascha Stemberg, Koch aus Leidenschaft, auf Erstklassiges: Sämtliche Produkte bezieht Haus Stemberg entweder von regionalen Erzeugern – beispielsweise Gemüse, Käse, Brot und andere Produkte von den Windrather Biohöfen, Spargel direkt vom Feld gegenüber – oder von Lieferanten der Spitzengastronomie. Ob bei Vorspeisen, klassischen Hauptgerichten oder dem Degustationsmenü: Das schmeckt man!

HAUS STEMBERG
Walter und Sascha Stemberg
Kuhlendahler Straße 295
42553 Velbert-Neviges
Telefon 020 53 / 56 49
www.haus-stemberg.de
www.stemberg.tv

FREIMUTH
VALSERRANO
VALSERRANO
AZUL
GUELBENZU
www.guelbenzu.com
PRODUCT OF SPAIN
EL TERRAZO
MUSTIGUILLO
WINERY & VINEYARD
Phaia
Frank Phélan

KULTURELLE BEZIEHUNGEN

Hackbarth´s Küche macht den Gasometer richtig rund

Gebratene Scampi mit grünem Spargel
auf Spaghetti Carbonara
Dieses Rezept finden Sie auf der Seite 114

Buchstäblich „on top" des Gasometers in Oberhausen erlebt man einen sensationellen Blick über die Region und entdeckt in südlicher Richtung ein gastliches Ziel: Mit knallroter Eingangstür lockt Hackbarth´s Restaurant. Also schnell runter vom zugigen Dach und rein ins kulinarische Vergnügen. Seit über 20 Jahren gestalten Jörg und Uschi Hackbarth mit gleichnamigem Restaurant parallel zum Gasometer ihren persönlichen Kulturraum und geben sich dabei allen erdenklichen Spielraum. Denn auf eine bestimmte kulinarische Richtung lassen sie sich nicht festlegen. Frisch, saisonal und perfekt zubereitet müssen die Speisen sein. Und sonst? Schmecken! Von Uschi Hackbarth freundlich beraten, wählt man aus abwechslungsreichen Vorspeisen wie Carpaccio vom Wagyu-Beef, Ruhrgebiets-Tapas sowie gebratener Blutwurst. Auch die Hauptspeisen lassen keine Wünsche offen: Zanderfilet auf Birnen-Mascarpone-Ravioli, hausgemachter Bisonburger, Duroc-Schweinekotelett oder Saté vom Maishuhn. Immer wieder überraschen Hackbarth und sein engagierter Chefkoch Torsten Schmidt mit Raffinesse und Kreativität, die nie hochgestochen wirken und zudem bezahlbare Gerichte einschließlich verführerischer Desserts hervorbringen. Zudem sorgen die Gastgeber für Augenschmaus und präsentieren regelmäßig wechselnde Ausstellungen, die das Restaurant schmücken. Wer den Blick auf sein Gegenüber fokussieren möchte, wählt einen Tisch in der Bibliothek. Dieser etwas abgeschiedene Raum zeigt, wie stilvolle Erlebnisgastronomie heute funktioniert: Mit Kamin und Sofa entsteht wohnliche Atmosphäre. Belebt und ungezwungen geht es wiederum bei den beliebten Kochkursen zu – über Themen und Terminen informiert die gut gepflegte Homepage. Das hauseigene Catering gehört übrigens ebenfalls zu den besten im Ruhrgebiet.

HACKBARTH´S RESTAURANT
Uschi und Jörg Hackbarth
Chefkoch: Torsten Schmidt
Im Lipperfeld 44
46047 Oberhausen
Telefon 02 08 / 221 88
www.hackbarths.com

FORSTHAUS

STILVOLLER GENUSS IM WALD

Im Forsthaus Bochum trifft man sich zum Genießen, Feiern und Seele-baumeln-lassen

Gressingham-Entenbrust mit Kräuterseitlingen
Dieses Rezept finden Sie auf der Seite 115

Im Weitmarer Holz, dem größten zusammenhängenden Waldgebiet Bochums, lädt das Forsthaus zum Verweilen ein. Das Restaurant und der Biergarten liegen beschaulich umgeben von uralten Buchen. Im Sommer blitzt die Sonne durch das schattenspendende Laub, im Winter fällt der Blick durch die großen Fenster in den verschneiten Wald. Die Gäste haben die Wahl: Sie können in dem mit Kandelabern geschmückten Wintergarten Platz nehmen, im stilvoll eingerichteten vorderen Restaurantbereich oder in dem familienfreundlichen Biergarten mit angrenzendem Spielplatz.

Aber nicht nur die besondere Atmosphäre begeistert die Gäste, vor allem kulinarisch gibt es einiges im Forsthaus zu entdecken. Küchenchef Patrick Hoff hat sich auf die kreative Zubereitung von ausgefallenen Fleischsorten spezialisiert. Entrecôte vom Charolais-Rind finden anspruchsvolle Gäste ebenso auf der Karte wie hausgeräucherte Gressingham-Wildente oder Hüftsteak vom Wagyu-Rind. Zwar ist die Auswahl an Hauptspeisen eher gering, dafür wird sie durch ein variantenreiches Biergartenangebot ergänzt, das in den kühlen Monaten auch innen verzehrt wird. Knackige Salate, hauchdünne Flammkuchen, Suppen und andere Kleinigkeiten verlocken zum leichten Genuss. Frische und Natürlichkeit aller Zutaten sind für das Forsthaus-Team selbstverständlich – ob Gemüse, Fisch oder Fleisch: Jedes Gericht wird à la minute zubereitet. Übrigens eignen sich die Räumlichkeiten im Forsthaus auch hervorragend zum Feiern von Familienfesten oder Firmen-Events: Allein der romantische Wintergarten bietet Platz für Gesellschaften von bis zu 80 Personen. Wer seinen Gästen etwas ganz Besonderes bieten möchte, bucht einen individuellen Kochkurs bei Küchenchef Patrick Hoff: 8 bis 10 Personen können ein paar Stunden lang bei ihm in die Lehre gehen und anschließend gemeinsam verzehren, was sie zuvor unter Anleitung des Profis gekocht haben.

FORSTHAUS
Betreiber: Villa Claudius GmbH
Küchenchef: Patrick Hoff
Blankensteiner Straße 147
44797 Bochum
Telefon 02 34 / 369 48 88
www.forsthaus-bochum.de

AN(GE)KOMMEN!

Spitzenkoch Dennis Rother verwöhnt Restaurant- und Hotelgäste

Zwischen den südlichen Stadtteilen Holzen, Höchsten und Wichlinghofen, wo Dortmund am grünsten und das Niederhofer Holz in unmittelbarer Sichtweite ist, liegt das Hotel und Spa L'Arrivée mit seinem deutsch-französischen Restaurant Vivre. Seit Ende 2012 ist der erst 30 Jahre alte Dennis Rother hier der neue Chef in der Küche. Hotel- und Restaurantgäste verführt er mit einem vielseitigen Konzept: Mittags lädt eine Businesslunchkarte zu einfachen, schnellen und bodenständigen Gerichten auf „schnörkellosen Tellern" ein, wie Dennis Rother sagt, abends dagegen darf es aufwendiger und edler sein. Dann werden die Menüs regelrecht zelebriert – mit Aperitif und Überraschungs-Amuse-Bouches, gefolgt von ein bis zwei verschiedenen Vorspeisen. Das kann ein Gänseleber- oder Thunfischcarpaccio sein, Variationen vom Ikarimi-Lachs oder Forelle mit Büsumer Krabben. Dass er einerseits das Bodenständige, Regionale liebt und andererseits in der Gourmetküche zu Hause ist, demonstriert Dennis Rother gemeinsam mit seinem sechsköpfigen Küchenteam auch bei den Hauptspeisen: Zum Seeteufel reicht er eine Interpretation von Leipziger Allerlei, und der einfache Schweinebauch wird durch ein raffiniertes Spiel mit Aromen zum vollmundigen Hauptgang. Passend zu jedem Gang werden auf Wunsch entsprechende Weine empfohlen – 70 Positionen beinhaltet die Weinkarte, darunter neun offene. Den Küchenstil des Vivre umschreibt Rother mit „deutsch-französischer Hochküche". Aus qualitativ hochwertigen Produkten – beispielsweise US-Rinderfilet oder Fleisch vom Müritz-Lamm – kocht er, inspiriert von den vielfältigen Einflüssen der französischen Küche, für Genießer, das jedoch zu angemesse-

Vorspeisenvariation vom Ikarimi-Lachs

Dieses Rezept finden Sie auf der Seite 115

nen Preisen. Zum Abbauen eventueller Berührungsängste bietet sich der regelmäßig stattfindende Sonntagsbruch an. Aber Achtung: Aufgrund der regen Nachfrage ist es sinnvoll, frühzeitig zu reservieren. Zu verlockend ist das reichhaltige Brunchbuffet, zu dem klassische Frühstückskomponenten sowie warme Vorspeisen, saisonale Highlights und Desserts gehören.

Bekannt ist Dennis Rother, der sich eher als Ideengeber denn als Chefkoch versteht, nicht nur für seine Kochkünste, sondern eben auch für seine stets neuen Ideen und Konzepte. Und so geht auch die Eröffnung der L'Arrivée-Stube auf sein Konto: In zünftiger Atmosphäre werden hier einfache Gerichte wie Steaks, Pasta oder regionale Klassiker wie Himmel & Erde serviert – je nach Saison haben die Gäste die Wahl zwischen einem Sitzplatz an der Theke, in der Nähe des eindrucksvollen Kamins, auf der Empore oder auf der Terrasse. Letztere zählt angeblich zu den schönsten Restaurantterrassen Dortmunds – mit Wasserfall, Teich und einem entspannenden Blick ins Grüne.

Gerne werden die Räumlichkeiten der beiden Restaurants Vivre und L'Arrivée-Stube auch für private oder geschäftliche Feierlichkeiten gemietet. Kein Wunder, nach einem gelungenen Fest ist der Weg zum Hotelbett nur wenige Schritte entfernt. Am nächsten Morgen locken dann der 1000 Quadratmeter große hauseigene SPA- und Wellnessbereich sowie die nahegelegenen Waldwege zum Entspannen oder Training ein. L'Arrivée ist französisch und heißt übersetzt „Die Ankunft". Treffender hätte der Name für den Ort nicht sein können, an dem nicht nur Hotel- und Restaurantgäste gerne ankommen, sondern auch der viel- und weitgereiste Dennis Rother ein kulinarisches Zuhause der Extraklasse geschaffen hat.

L'ARRIVÉE HOTEL & SPA GMBH
Küchenchef: Dennis Rother
Wittbräuker Straße 565
44267 Dortmund
Telefon 02 31 / 880 50-0
www.larrivee.de

GRENZENLOS LECKER

Die frische Küche im Dorf

Hirschrücken in Kirsch-Pfeffer-Sauce
Dieses Rezept finden Sie auf der Seite 116

Kulinarisches Einerlei in ganz Essen? Nein! Ein von unbeugsamen Feinschmeckern bevölkertes Dorf hört nicht auf, der eindringenden globalisierten Geschmacksneutralität Widerstand zu leisten … Das Dorf heißt Schönebeck – liegt also nicht in Gallien, sondern in der Ruhrmetropole –, und sein kulinarischer Vordenker ist Karl Schirmacher. Der Chefkoch bietet hier im Restaurant Schönebecker Schweiz extrem aromatische, frische und regionale Küche, die er immer wieder mit dem Esprit seiner teils französischen Herkunft würzt. Das wöchentlich wechselnde Überraschungsmenü und die legendären Tapas erinnern an seine erfolgreiche Zeit im Restaurant Stop-Club in der Essener Weststadt, wo Schirmacher agierte, bevor er 2007 in quasi ländliche Gefilde umzog. Zaubertrank erhält man in Form von Bouillabaisse, wie frisch aus Marseille, oder Leipziger Allerlei – natürlich original verfeinert mit Morcheln, Flusskrebsen und Semmelklößchen. Schirmacher hat das Kochen von der Pike auf gelernt, liebt es bis heute, klassische Speisen innovativ zu interpretieren und handwerklich perfekt anzurichten. Außerdem liebt er: seine Frau. Roswitha Schirmacher ist aufmerksame Gastgeberin eines der gemütlichsten Restaurants in der Region, und die Küche ihres Mannes serviert sie kongenial. Gemeinsam mit ihrem ambitionierten Jungkoch Matthias Beilstein bringt das Gastropaar den guten Geschmack nicht nur ihren Restaurantgästen nah – das sind überwiegend Stammgäste, und eine Reservierung ist ratsam –, sondern auch der begeisterten Dorfgemeinschaft. Seit 2009 veranstalten die Schirmachers „Schönebeck isst gut", ein Open-Air-Event mit befreundeten Gastronomen, das über die Dorfgrenzen hinaus von sich Reden macht.

SCHÖNEBECKER SCHWEIZ
Roswitha und Karl Schirmacher
Schönebecker Straße 30
45359 Essen-Schönebeck
Telefon 02 01 / 23 54 53
www.schoeneschweiz.de

360° GENUSS

Im Jagdhaus Schellenberg werden Gäste rundum verwöhnt

Ein Platz und viele Möglichkeiten … das haben die Macher des Jagdhauses Schellenberg sofort gespürt, also sie 1999 das historische Gemäuer für ihr kulinarisches Konzept entdeckten und mit Liebe zum Detail sanierten. Das 1836 erbaute Fachwerkhaus diente früher den Förstern des Schellenberger Waldes als Refugium, wo sie damals wohl so manche Stulle verdrückt haben. Heute finden Gäste von nah und fern an diesem besonderen Ort eine viel feinere und zugleich bodenständige Kulinarik. Verantwortlich dafür ist seit 2001 der Küchenchef Andreas Mattern, der mit seiner Brigade in der offenen, zentral platzierten Küche agiert. Der hauseigene Kräutergarten inspiriert Mattern zu seiner frischen, mediterranen und aromatischen Küche, die außerdem regionale und französische Einflüsse zeigt.

Der zuvorkommende Service serviert die Menüs oder À-la-carte-Speisen mittags und abends in verschiedenen Bereichen des Hauses. Da ist zum einen der große Fachwerksaal: Schwarz, Weiß und Kobaltblau geben dem Raum eine klassische Eleganz, die mit Gemäuer und historischem Kachelofen harmoniert. Weiter geht es in den modernen, lichtdurchfluteten Wintergarten. Draußen werden die Gäste entweder auf der Terrasse im englischen Landhausstil vom Service umsorgt, oder sie bedienen sich selbst im gepflegten Biergarten. Je nach Jahreszeit, Stimmung oder Anlass ist für das leibliche Wohl also bestens gesorgt. Und das Auge wird im Jagdhaus Schellenberg genauso verwöhnt: Von fast jedem Platz aus hat man einen wunderbaren Blick auf den Baldeneysee. So viel gastliche Kompetenz hat eine weitere Attraktion hierhergelockt: Von November bis Januar gastiert – Ende 2013 bereits zum 13. Mal – der legendäre Bernhard Paul mit „Roncalli´s Panem et Circenses“ im Spiegelzelt neben dem Jagdhaus. Das Restauranttheater unterhält mit extravaganten Varieténummern und einem perfekt getimten Vier-Gänge-Menü der Extraklasse. Applaus!

Warmer Ziegentaler mit toskanischer Sauce und Treviso

Dieses Rezept finden Sie auf der Seite 116

JAGDHAUS SCHELLENBERG
Geschäftsführer: Robert Meems
Küchenchef: Andreas Mattern
Heisinger Straße 170 a
45134 Essen
Telefon 02 01 / 43 78 7-0
www.jagdhaus-schellenberg.de

BESONDERES ERLEBEN

Kochen, schmecken und genießen

In den ehemaligen Räumen der Butlerschule im Schloss Schellenberg befindet sich seit Mai 2013 die Kochschule kochBar essBar von Sonja Beselin. In den historischen Mauern der alten Schlossanlage verfolgt Sonja Beselin ein ganzheitliches, nicht auf kurzfristige Trends ausgerichtetes Genusskonzept und versucht, die gepflegte Esskultur zu erhalten, wo sie noch vorhanden ist, und sie wiederzuerwecken, wo es notwendig ist.

Schloss Schellenberg wird als Burg und Adelssitz unter dem Namen „Haus auf´m Berge" bereits seit dem 12. und 13. Jahrhundert erwähnt. Bis zu Beginn des 20. Jahrhunderts wurde das Schloss ausschließlich zu Wohn- und Wirtschaftszwecken genutzt. Heute hat es sich zu einem außergewöhnlichen Gewerbestandort entwickelt, der die alte Schlossanlage mit neuem Leben erfüllt.

In der modernen Miele-Showküche können sowohl kochinteressierte Einzelpersonen als auch Gruppen bis 40 Personen mal mächtig Dampf machen. Begleitet von ausgebildeten Köchen, die hier zum Entertainer werden und gleichzeitig Garzeiten sowie Mengenangaben im Blick behalten, lernen die Teilnehmer viel Wissenswertes rund ums Kochen. Eventcooking ist vielfältig und macht Freude: Amateurköche folgen dem kulinarischen Kalender des Hauses mit einer Vielzahl an offenen Kochkursen, Firmen nutzen es als Teambuilding-Maßnahme, und Familienfeiern bekommen eine ganz besondere Note. Besonderes Augenmerk legt Sonja Beselin auf die Bewahrung und Pflege saisonaler Lebensmittel und der regionalen Küche. Gut, sauber und fair sollen die Produkte sein, die sie getreu dem Motto von Slow Food hier anbietet. Ein Blickfang: die exquisite Auswahl an Feinkost, Kochutensilien sowie Küchenaccessoires aus Manufakturbetrieben … alles arrangiert für Liebhaber des Besonderen.

Spinat-Minze-Cremesüppchen

Dieses Rezept finden Sie auf der Seite 117

KOCHBAR – ESSBAR
IM SCHLOSS SCHELLENBERG
Sonja Beselin
Renteilichtung 1
45134 Essen
Telefon 02 01 / 726 99 58
www.kochbar-essbar.de

Kockshusen
REVERENDISSI ACGENEROS DOM.D. WILHEL FRANCISCVS
VITTINGHOFFDICTVS SCHELLCATHDRALISECLIÆ PA
DERBORI EN CANTOR SENIO ET CAPLIS ME FIERI
FECIT ET FVNDAVIT ANNO 1688
Unser
Querbeet
ist wieder da!
Jeden
Donnerstag
ab
18⁰⁰ Uhr

STADT. WALD. GENUSS.

Restaurant Kockshusen: moderne Küche und märchenhafte Umgebung

Willi Hachenberg ist ein Koch unserer Zeit. Seine Gäste genießen kulinarische Trends in perfekter Zubereitung und außerdem das gute Gefühl, wirklich willkommen zu sein. Der Profigastronom verwirklicht seine Vision moderner Gastgeberschaft seit 2009 im Restaurant Kockshusen, einem 1688 erbauten Fachwerkhaus, das zum Schloss Schellenberg im gleichnamigen Wald gehört. Wer dem pulsierenden urbanen Leben entfliehen will, findet hier am Kaminofen Romantik pur – aber keinen Kitsch. Hachenberg setzt auf den Charme der Gegensätze. Draußen trifft geometrische Gartenarchitektur auf die üppige Natur der Umgebung, und im urigen Inneren werden helle Polster mit dunklen Hölzern kombiniert. Auf dem Teller macht Willi Hachenberg so weiter: Sinnliche Kirsche verfeinert rustikales Rotkraut, und Sesamcroutons sowie Pinienkerne akzentuieren zarten Salat … das Spiel mit den Kontrasten scheint zu gefallen. Hachenberg holt die Feinschmecker mit Qualität und Stil an diesen besonderen Ort zurück und beendet dessen wechselvolle Vergangenheit. Seine Gäste fasziniert er mit Kreativität. So serviert er seinen Salat von marinierten, jungen Bananen mit gebratenen Riesengarnelen und Kresse. Süße, Röstaromen und eine leichte Schärfe in verschiedenen Texturen – mit dieser unkonventionellen und schlüssigen Kulinarik erkocht sich einer seine Freiheit und wird dafür von Stammgästen und Entdeckern gelobt. Wer wagt, gewinnt also … Anerkennung und die Herzen. Mancher Gast bringt von seiner Reise exotische Gewürze mit, die Hachenberg gerne in seiner Küche verwendet. Andere vertrauen dem Team um Willi Hachenberg besondere Momente an und feiern Hochzeit, Taufe oder Jubiläum im Rittersaal des nahegelegenen Schlosses Schellenberg, wohin er seine Küche quasi „exportiert“. Liebe geht also doch durch den Magen …

RESTAURANT KOCKSHUSEN
Willi Hachenberg
Pilgrimsteig 51
45134 Essen
Telefon 02 01 / 84 39 12 20
www.restaurant-kockshusen.de

VON HUGO, PETER UND GENUSS

Moderne Gemütlichkeit in den Südtiroler Stuben

Kaiserschmarren „Südtiroler Stuben"

Dieses Rezept finden Sie auf der Seite 117

Südtirol ist Kult! Zumindest in Form von Prosecco, Holunderblütensirup, Minze und Limette. Hugo, der spritzige Aperitif, hat die Herzen der Flachlandtiroler im Sturm erobert. Peter Pichler, Gastronom aus den Dolomiten, hat dem Muntermacher unserer Tage da einiges voraus, denn er brachte schon in den 1960er-Jahren Pizza und Pasta in den Pott. Dann, im Jahr 1990 – Olivenöl verfeinert inzwischen die Küche fast jeder deutschen Hausfrau –, spezialisiert er sich wieder und kehrt zu seinen Wurzeln zurück: serviert seither in den Südtiroler Stuben am Ufer des Baldeneysees konsequent die Küche seiner Heimat. Südtiroler Schlachtplatte, Tafelspitz, Herrengröstel oder Schweinshaxen, die so schonend im Ofen garen, dass sie bereits auf dem Teller zerfallen, stärken hungrige Ausflügler, Segler oder Besucher der nahegelegenen Villa Hügel. Wer es fleischlos mag, freut sich über Knödelvariationen mit Spinat oder Käse oder Tomaten oder Waldpilzen oder … nimmt einen knackigen Salat und ein Glas Wein der Kellerei Bozen. Zum Nachtisch? Natürlich Kaiserschmarren.

Bei der Platzwahl fällt die Entscheidung fast so schwer wie beim Speisenangebot: Sonnenterrasse? Oder geht man doch lieber rein? Hier finden die Gäste ein modernes Ambiente mit originellen alpenländischen Zitaten. Das Werk von Catrin Linowsky und Roman Pichler, den Kindern des Gründers. Echte Gastroprofis, die hier das kulinarische Erbe der Familie pflegen und entwickeln. Mit Frühstück, Kaffeetafel und großzügigen Gästezimmern mit Seeblick sind die Südtiroler Stuben ein Stück Urlaub im Revier und perfekt geeignet für Gaudi aller Art.

SÜDTIROLER STUBEN
Catrin Linowsky und Roman Pichler
Freiherr-vom-Stein-Straße 280 a
45133 Essen
Telefon 02 01 / 47 28 48
www.suedtiroler-stuben.de

ALLES WIE GEMALT

Spanische Küche mit kreativer Note

Küche und Kunst – sie haben einiges gemeinsam. Dass Luis Alvarez einen der größten Künstler des letzten Jahrhunderts zum Namenspaten für sein Restaurant gewählt hat, spricht für sich. Die Kreativität Picassos hat den Koch aus Galizien nie losgelassen. Und mit jedem Gericht, das seine Küche verlässt, zollt er ihm seinen Respekt. Er wählt Produkte von exzellenter Qualität – das Fleisch wird ausschließlich von bekannten Züchtern direkt aus Spanien bezogen. Fisch, Meeresfrüchte und Gemüse wählt Alvarez mit geschultem Blick auf den Märkten der Region, und die Kräuter für seine Gerichte zieht er im eigenen Garten. Mit Raffinesse und Profession verwandelt er die hochwertigen Produkte in Speisen, die begeistern. Carmen Alvarez erläutert den Gästen sicher und charmant die erlesenen Kreationen ihres Mannes. Zum Start empfiehlt sie beispielsweise die Komposition Picasso mit Jakobsmuscheln, Riesen-Gambas und kleinen Tintenfischen an leichter Feigen-Senf-Marinade. Als Zwischengang ein paar typische Tapas? Zum Hauptgang erfreuen gegrillter wilder Steinbutt oder St. Pierre auf frischem Gemüse oder Filet vom Iberico-Schwein, mit Pinienkruste überbacken. Zur Krönung der Klassiker: Crema Catalan. Beste Weine Spaniens runden den Geschmack wunderbar ab. Dass Küche auch Kommunikation bedeutet, weiß Alvarez und genießt die Kochabende mit seinen Gästen. „Kochen mit Luis" ist eine ausgesprochen schmackhafte und unterhaltsame Veranstaltung, die ihresgleichen sucht. Serviert wird in den großzügigen Räumen, die einem Künstleratelier ähnlich sind. Spielt das Wetter mit, haben die Gäste von der Terrasse aus einen wunderbaren Blick auf die Ruhr und sattgrüne Wiesen. So viel Schönes kann man sich ausmalen – oder man findet es bei Picasso im Ruhrblick.

Iberico-Schweinefilet mit Pinienkernkruste

Dieses Rezept finden Sie auf der Seite 118

PICASSO IM RUHRBLICK
Carmen und Luis Alvarez
In der Lake 19
58456 Witten
Telefon 023 02 / 179 78 72
www.picassoimruhrblick.de

EINE
SCHÖ
ABEN

LANDLUST ENTDECKEN & SCHMECKEN

Das Landhaus Ententeich überzeugt als Gesamtkonzept

Seeteufel-Medaillons in Pancetta

Dieses Rezept finden Sie auf der Seite 118

Schon der erste Blick lässt das Herz höher schlagen. Wer im ländlichen Unna-Kessebüren den historischen Gutshof besucht, der seit 20 Jahren als Landhaus Ententeich firmiert, spürt: Hier bin ich richtig. Roter Backstein, grün-weiße Schlagläden und ein malerischer Teich mit Entenschar bilden ein romantisches Ensemble. Knarrend öffnet sich die Tür zu einer vielfältigen Genusslandschaft. Im Schankraum und an der Bar genießt man zum Feierabend ganz unkompliziert ein Tomatensüppchen mit Gin-Sahne oder Garnelen mit hausgemachter Aioli. Gehobene Küche mit moderner Note – die Produkte natürlich immer von marktfrischer Qualität – wird sowohl rechter Hand auf der Empore, als auch im angeschlossenen Kaminzimmer serviert. Dabei entfalten die Fleisch- und Fischspezialitäten, gereicht mit saisonalen Gemüsen, raffinierte Aromen. Gut, dass Küchenchef Werner Müller und sein Geschäftspartner Haiko Daniel dem aktuellen Trend folgen und auf feine Stofftischdecken verzichten. Auf den Holztischen mit individueller Maserung kommt Müllers markante Küche perfekt zur Geltung. Überhaupt: Holz, wohin man blickt. Ausrangierte Türen bilden das dekorative Wandpaneel, und antike Möbel verbreiten charaktervollen Charme. Rustikales trifft auf Eleganz, und ein Meer von Kerzen schafft eine romantische, anheimelnde Atmosphäre. Klar, dass man einen Platz für das Candle-Light-Dinner am Donnerstag oder das exquisite Freitagsmenü mit vier Gängen reservieren sollte. Wer zum Wochenausklang Glück hat, angelt die goldmarkierte Schwimmente aus einem portablen Bassin und wird vom Landhaus Ententeich großzügig eingeladen. Ob kleine Stärkung oder große Gala: Bei warmen Temperaturen werden alle Köstlichkeiten auf der lauschigen Terrasse serviert. Entspannung mit bester Küche? Das Landhaus Ententeich ist die richtige Adresse.

LANDHAUS ENTENTEICH
Haiko Daniel
Chefkoch: Werner L. Müller
Alleestraße 1
59427 Unna-Kessebüren
Telefon 023 03 / 493 72 und 94 30 47
www.landhausententeich-unna.de

POSITIVE WIRTSCHAFTSLAGE

Schnitzlers feine Küche macht einfach gute Laune

Jeder kann sie sehen, denn als Logo schmückt sie Haus und Restaurant: Die Sonne scheint bei Schnitzlers an 365 Tagen im Jahr – und das schon seit vier Generationen. Köchin Jeannette Schnitzler, jüngster Spross der Gastgeberfamilie, verwandelte die ehemalige Wirtschaft in ein Restaurant erster Güte, das seinen natürlichen, ursprünglichen Charme behalten hat. Ihr Mann Peter – er umsorgt die Gäste und führt durch das ausgesuchte Weinangebot des Hauses – teilt die Leidenschaft für beste Kulinarik, die sich prägnant in „Jeannettes Menü" darstellt. Zu jedem Gang können die Speisen frei gewählt werden. Darf es mehr Fisch sein? Oder sollen die Gemüse den Ton angeben? Neben vegetarischen Gerichten gehört auch ein Überraschungsmenü zur kulinarischen Kultur der Schnitzlers. All dies bringt die Seele der Gäste zum Schwingen und bei Feierlichkeiten auch so manches Tanzbein: Für Darbietungen aller Art gibt es im großen Saal die Bühne. Doch zurück zur „kleinsten Bühne der Welt": dem Teller. Auf ihm arrangiert die Filigranköchin und Gewürzspezialistin Jeannette Schnitzler jeden Gang mit Liebe zum Detail und zur individuellen Aussage des Produkts. Fisch, Fleisch oder Gemüse überzeugt in dieser Küche mit eigenem Charakter, was allerdings höchste Qualität fordert. Für Jeannette Schnitzler kein Problem, denn sie wurde in besten Häusern ausgebildet und kocht ausschließlich, wonach es ihr gelüstet. Im Frühling und Sommer setzt sie leicht Mediterranes auf die Tafel, im Herbst und Winter wärmt Herzhaftes wie Gans, Wild und Esskastanien. Klar, dass diese Küche auch als Catering überzeugt. Glückliches Essen!

Tatar vom Rauchlachs mit Granny Smith

Dieses Rezept finden Sie auf der Seite 119

SCHNITZLERS, RESTAURANT & CATERING
Jeannette und Peter Schnitzler
Nöckersberg 65
45257 Essen
Telefon 02 01 / 84 81 40
www.schnitzlers-restaurant.de

BORGBÖHMER'S
Waldesrüh

MIT DER NATUR AUF DU UND DU

Feiern, speisen, Natur erleben – in Borgböhmer´s Waldesruh ist alles möglich

Auf eine 125-jährige Geschichte blickt die Traditionsgastronomie Borgböhmer´s Waldesruh bereits zurück. Was damals gut war, ist gut geblieben, und doch ist heute alles anders: Einst wurde hier inmitten von Feldern und Weiden frische Kuhmilch zum Bauernstuten gereicht. Nach Erlangung der Schankkonzession im Jahr 1888 geriet der bäuerliche Betrieb in den Hintergrund, bis er schließlich ganz aufgegeben wurde. Das gastronomische Konzept der Familie ging erfolgreich auf. Seither wird hier stets gut gegessen und gerne gefeiert. Selbst von einem verheerenden Brand im März 2010, der das historische Anwesen in Schutt und Asche legte, hat sich die Inhaberfamilie nicht unterkriegen lassen. Im Gegenteil: Nach der vollständigen Neuerrichtung im Jahr 2011 präsentiert sich Borgböhmer´s Waldesruh in zeitgemäßem Gewand. Acht individuelle Festräume bieten Platz für die kleine Familienfeier bis hin zum gesellschaftlichen Ereignis mit 300 Gästen. Englische Eleganz prägt die Kamin-Lounge. Wie am Meer fühlt man sich im Smaragd-Salon. Die Bernsteinstuben spielen mit den Farben des fossilen Harzes. Die Räume Belvédère und Bellevue zeichnen sich durch große, abgerundete Türen aus, die die Natur förmlich ins Haus holen. Bei gutem Wetter schmeckt der hausgemachte Kuchen oder eine der kreativen Salatkompositionen auf der großen Panorama-Terrasse besonders gut. Bei Feiern ist diese Außenterrasse von allen Räumen zugänglich. Der Blick ist großartig und lässt vergessen, dass man sich ja eigentlich im Ruhrgebiet befindet.

In der Küche verarbeiten Küchenmeister Gerd Borgböhmer und sein Team frische Produkte nach saisonaler Verfügbarkeit und zaubern daraus eine variantenreiche Speisenkarte. Bodenständige regionale Küche paart sich hier gekonnt mit internationalen Einflüssen. Zur Vorspeise gibt es beispielsweise gebratenes Kaninchenfilet, Matjes-Variationen oder eine Schneckenpfanne, während als Hauptgang Seeteufelmedaillons, gebratene Kalbsleber „Berliner Art“ oder klassischer Tafelspitz vom Kalb locken. Noch ein Tipp abschließend: Die Jugend und Junggebliebene feiern besonders gern im Borgis, einem Festraum zu ebener Erde mit eigener Theke und direktem Zugang ins Freie.

Duett von Kabeljau und Lachs unter einer Bärlauch-Kartoffel-Kruste *Dieses Rezept finden Sie auf der Seite 119*

BORGBÖHMER'S WALDESRUH
Inhaber: Familie Borgböhmer
Papenloh 8
44797 Bochum
Telefon 02 34 / 47 08 00
www.borgboehmer.de

REZEPTE

Leckereien für Spargelfans: lauwarmer Spargelsalat mit Gambas (l.) und gebratene Scampi mit grünem Spargel (r.)

LAUWARMER SPARGELSALAT MIT GAMBAS IN BÄRLAUCH-VINAIGRETTE UND HUMMERSCHAUM

Haus Sternberg, Seite 86

ZUTATEN FÜR 4 PERSONEN

FÜR DEN HUMMERSCHAUM: *Schalen von 2 Hummern, 1 kleine Zwiebel, Olivenöl, 1 EL Tomatenmark, 4 cl Cognac, 100 g Butter, 400 ml Sahne, 1 Rosmarinzweig, Salz, weißer Pfeffer und Muskat aus der Gewürzmühle*

FÜR DEN SPARGELSALAT: *12 Seawater-Gambas, geschält und entdarmt, je 1 TL gehackte Blattpetersilie und Schnittlauchröllchen, 1 TL Bärlauch-Pesto, Olivenöl, 8 Stangen küchenfertigen Spargel, gekocht, 8 Kirschtomaten, Salz und Pfeffer aus der Mühle*

FÜR DIE BÄRLAUCH-VINAIGRETTE: *1 EL Waldhonig, 3 EL Olivenöl von Jordan, 1 EL weißer Balsamico-Essig, 1 EL Bärlauch-Pesto, Salz und Pfeffer aus der Mühle*

ZUBEREITUNG

Zunächst den Hummerschaum zubereiten: Dafür die Hummerschalen waschen und klein hacken, Zwiebel fein würfeln und alles in Olivenöl scharf anbraten, das Tomatenmark dazugeben und mitrösten. Mit Cognac flambieren. Butter, Sahne und Rosmarin hinzugeben und einmal aufkochen. Mit den angegebenen Gewürzen abschmecken und danach durch ein feines Sieb passieren.

Für den Spargelsalat zunächst die Gambas, Petersilie, Schnittlauch und Bärlauch-Pesto miteinander vermischen und 1 Stunde ziehen lassen.

Anschließend die Zutaten für die Vinaigrette miteinander verrühren. In der Pfanne die marinierten Gambas in wenig Olivenöl kurz braten, den gekochten Spargel schräg in 2 bis 3 cm lange Stücke schneiden, die Tomaten halbieren, alles zu den Gambas geben und leicht erwärmen. Bärlauch-Vinaigrette hinzufügen, gut durchschwenken, abschmecken und sofort dekorativ anrichten. Zuletzt wird noch etwas von dem Hummerschaum (vor dem Servieren auf maximal 70 °C erwärmen und mit dem Zauberstab aufschäumen) hinzugefügt.

GEBRATENE SCAMPI MIT GRÜNEM SPARGEL AUF SPAGHETTI CARBONARA

Hackbarths, Seite 88

ZUTATEN FÜR 4 PERSONEN

12 Stangen grüner Spargel, 16 Scampi, geschält, Öl zum Braten, 12 Kirschtomaten, 30 g Pinienkerne, 4 EL Schnittlauch, geschnitten, 150 g Zwiebeln, gewürfelt, 150 g Bacon, in Streifen geschnitten, Knoblauch, fein gehackt und nach Geschmack, 250 g Spaghetti (Rohware), 3 Eigelb, 400 g Sahne, Parmesan nach Geschmack, Salz, Pfeffer aus der Mühle

ZUBEREITUNG

Den Spargel im unteren Drittel schälen, in Salzwasser bissfest kochen, abschrecken und längs halbieren. Öl in einer Pfanne erhitzen und die Scampi mit dem Spargel darin braten. Zum Schluss Kirschtomaten, Pinienkerne und 3 Esslöffel Schnittlauch hinzugeben und würzen.

In einer anderen Pfanne ebenfalls etwas Olivenöl erhitzen, Zwiebelwürfel und Schinkenstreifen anschwitzen, bis sie goldgelb sind. Wer mag, kann jetzt auch den Knoblauch mitanschwitzen. Parallel in ausreichend Wasser die Nudeln bissfest kochen, abgießen und zu Zwiebeln und Schinken in die Pfanne geben.

Das Eigelb mit der Sahne aufmixen und über die Nudeln geben. Alles gut durchschwenken und nicht mehr auf die Flamme setzten, damit die Eier-Sahne-Masse nicht stockt und flüssig bleibt. Mit Salz und Pfeffer abschmecken.

ANRICHTEN

Sofort auf heißen Tellern anrichten. Mit dem restlichen Schnittlauch sowie Parmesan nach Geschmack bestreuen. Abschließend gebratene Scampi und Spargel auf den Nudeln platzieren.

Gressingham-Entenbrust mit Kräuterseitlingen (l.) und Vorspeisenvariation vom Ikarimi-Lachs (r.)

GRESSINGHAM-ENTENBRUST MIT KRÄUTERSEITLINGEN, SONNENBLUMENKERNEN UND BALSAMICO-HONIG-REDUKTION

Forsthaus, Seite 90

ZUTATEN FÜR 4 PERSONEN

4 Entenbrüste à 180-220 g, Salz, weißer Pfeffer, ca. 50 ml Butterfett, 50 g frischer Rosmarin, Fleur de Sel

BALSAMICO-HONIG-REDUKTION: *200 ml dunkler Balsamico-Essig, 20 g Honig, 20 g frischer Thymian, 30 g Zucker, Salz*

KRÄUTERSEITLINGE: *600 g Kräuterseitlinge, 20 g Sonnenblumenkerne, 50 ml Butterfett*

ZUBEREITUNG

Die Entenbrust mit Salz und Pfeffer würzen und auf beiden Seiten in einer Pfanne kross anbraten. Anschließend zusammen mit dem Rosmarin auf einem Backblech 45 Minuten lang in den auf 80 °C vorgeheizten Ofen geben. Danach die Tür des Backofens einen Spalt öffnen, die Temperatur herunterstellen und die Entenbrust ruhen lassen.

Den dunklen Balsamico-Essig zusammen mit Honig, Thymian, Salz und Zucker in einen kleinen Topf geben und bis zur gewünschten Konsistenz einkochen. Mit etwas Salz und Honig abschmecken. Kurz vor dem Anrichten die Kräuterseitlinge vierteln und zusammen mit den Sonnenblumenkernen in einer Pfanne mit Butterfett braten (ca. 3 Minuten). Nach dem Braten die Pilze auf ein Küchenpapier legen, um das Fett aufzufangen.

ANRICHTEN

Die Kräuterseitlinge in einer Linie in die Mitte des Tellers legen und mit den Sonnenblumenkernen aus der Pfanne bestreuen. Vor dem Anrichten die Entenbrust mit etwas Fleur de Sel nachwürzen, der Länge nach halbieren und leicht schräg auf die Kräuterseitlinge legen. Als Letztes etwas von der Balsamico-Reduktion um die Ente herum nappieren.

VORSPEISENVARIATION VOM IKARIMI-LACHS

L' Arrivée, Seite 92

ZUTATEN FÜR 4 PERSONEN

GEBEIZTER LACHS: *10 g Salz, 10 g Pökelsalz, 10 g Rohrzucker, ½ Bund Basilikum, ½ Knoblauchzehe, weißer Pfeffer, 200 g frischer Lachs, 500 ml Milch*

Salz, Zucker, Kräuter, Knoblauch und Pfeffer mörsern. Den Fisch auf die Hautseite legen und die Fleischseite mit der Gewürzpaste bedecken. Alles gut in Frischhaltefolie einwickeln und 48 Stunden lang in den Kühlschrank legen. Anschließend die Gewürzpaste vom Lachs entfernen und diesen 24 Stunden lang in Milch einlegen. Danach den Lachs trocken tupfen und in 1 x 3 cm große Stücke schneiden. Er ist nun fertig zum Verzehr.

LACHS „RARE" GEBRATEN: *100 g frischer Lachs, 1 Stange Zitronengras, Abrieb von 1 Zitrone, Saft von 1 Orange, 1 Prise Fleur de Sel, 10 ml Olivenöl, Saft von 1 Limette*

Den Lachs in kleine Stücke schneiden und scharf anbraten. Dies muss sehr schnell geschehen, da der Lachs in der Mitte noch „rare" (fast roh) sein soll. Die restlichen Zutaten miteinander mixen und die gebratenen Lachsstücke darin 5 bis 10 Minuten marinieren.

LACHS-TATAR: *100 g frischer Lachs, 1 Schalotte, 5 ml Olivenöl, 1 Dillzweig, Zitronensaft nach Geschmack, Five Spices, Salz, Pfeffer*

Den Lachs und die Schalotte in ganz feine Würfel schneiden. Alle Zutaten vermengen und unter den Lachs geben. Mit Salz und Pfeffer abschmecken.

FRÜHLINGSROLLE: *100 g frischer Lachs, 10 g Sesam, 1 Schalotte, 10 g Koriander, 1 EL Sesamöl, 1 Brik-Teig, Eiweiß zum Verkleben*

Den Lachs mit den Gewürzen und dem Öl in eine Moulinette geben und so lange zerkleinern, bis eine feine Lachs-

REZEPTE

Hirschrücken in Kirsch-Pfeffer-Sauce (l.) und warmer Ziegentaler mit toskanischer Sauce und Treviso (r.)

farce entsteht. Diese nun in den Brik-Teig einrollen und die Enden mit flüssigem Eiweiß verkleben. Die Rollen bei 170 °C in der Fritteuse ausbacken.

YUZU-EIS: *3 Eier, 150 g Zucker, 450 ml Sahne, 150 ml Milch, Yuzusaft nach Geschmack*

Die Eier trennen, Eigelb mit der Hälfte des Zuckers schaumig schlagen. Eiweiß anschlagen, nach und nach den restlichen Zucker einrieseln lassen, steif schlagen. Sahne und Milch zusammen behutsam erhitzen, anschließend löffelweise unter die Eigelbmasse rühren. Mit Yuzusaft nach Geschmack aromatisieren. Das geschlagene Eiweiß unterheben und alles in der Eismaschine gefrieren lassen. Das Yuzu-Eis bleibt über mehrere Tage cremig-geschmeidig.

ANRICHTEN

Die Vorspeisenvariationen in vier Portionen aufteilen und auf den Tellern jeweils mit rosa Ingwer, Wakame-Algen und Shiso-Kresse garnieren.

HIRSCHRÜCKEN IN KIRSCH-PFEFFER-SAUCE

Schönebecker Schweiz, Seite 96

ZUTATEN FÜR 4 PERSONEN

1 Hirschrücken (ca. 600 g), Salz, Pfeffer; 1 Möhre, 1 kleine Zwiebel, ½ Sellerie, 2 EL Öl, 1 EL Tomatenmark, 250 ml Rotwein, 500 ml Wildfond, 4 Stücke Langpfeffer, 1 Lorbeerblatt, 3 Nelken, 2 EL Bratenfett, 250 g frische Kirschen, 50 g Butter, 1 Thymianzweig, 1 Rosmarinzweig, Fleur de Sel

ZUBEREITUNG

Den Hirschrücken auslösen lassen, von allen Silberhäutchen befreien und diese für den Saucensatz aufbewahren.
Das Fleisch waschen, mit Küchenpapier trocknen, salzen und pfeffern, zur Seite stellen. Gemüse in kleine Würfel schneiden. In einem Topf das Öl erhitzen und die Silberhaut sowie die Gemüsewürfel scharf anbraten. Tomatenmark hinzufügen, mit Rotwein ablöschen, kurz einkochen lassen, den Wildfond angießen, salzen und mit Langpfeffer, Lorbeer sowie Nelken würzen. Alles auf ein Drittel der Flüssigkeit bei mittlerer Temperatur reduzieren lassen.
Als Nächstes das Fett in einer Pfanne erhitzen, den Hirschrücken von allen Seiten scharf anbraten und bei 90 °C im Backofen ca. 20 Minuten garen. Die Kirschen waschen, entsteinen, in etwas Butter anschwitzen und die reduzierte Wildsauce, durch ein Sieb passiert, dazugeben. Mit wenig kalter Butter binden und mit dem Langpfeffer nachwürzen.
Den Hirschrücken aus dem Ofen holen, die restliche Butter sowie die Kräuterzweige hinzufügen. Die aufschäumende Butter für 2 bis 3 Minuten immer wieder über das Fleisch gießen. Das Fleisch herausnehmen, in Tranchen schneiden – es sollte jetzt innen zart rosa sein.

ANRICHTEN

Zum Hirschrücken serviert das Restaurant Schönebecker Schweiz Haselnuss-Spätzle, grüne Bohnen und Steinpilze. Auf vier warmen Tellern die abgeseihten Spätzle verteilen, das Fleisch darauf platzieren, Bohnen und Steinpilze daneben. Die Sauce um das Fleisch gießen und mit etwas Fleur de Sel würzen.

WARMER ZIEGENTALER MIT TOSKANISCHER SAUCE UND TREVISO

Jagdhaus Schellenberg, Seite 98

ZUTATEN FÜR 4 PERSONEN

1 Kopf Treviso (roter Chicorée), 6 Ziegentaler à ca. 50 g

FÜR DIE VINAIGRETTE: *100 ml Olivenöl, 3 EL Balsamico, ½ EL Senf, 1 EL Honig, 6 EL Wasser, Salz, Pfeffer*

FÜR DIE TOSKANISCHE SAUCE: *45 g Zucker, 450 ml Orangensaft, etwas Stärke, 60 g Olivenöl, Salz, Pfeffer, 1 EL Pinienkerne, geröstet, gehackt, 1 EL Rosinen, gehackt, 1 EL kleine Tomatenwürfel, 8 Blätter Basilikum in Streifen*

ZUBEREITUNG

Die äußeren Blätter vom Treviso abnehmen, den Strunk abschneiden. Dann

Zergehen auf der Zunge: Spinat-Minze-Cremesüppchen (.) und Kaiserschmarren „Südtiroler Stuben“ (r.)

die Blätter waschen. Eine Vinaigrette herstellen, indem alle Zutaten ohne das Olivenöl sämig verrührt werden. Erst danach langsam das Olivenöl einrühren. Für die toskanische Sauce den Zucker in einem Topf karamellisieren und mit Orangensaft ablöschen. Auf ein Drittel der Menge reduzieren. Etwas Stärke mit wenig Wasser glattrühren und die Reduktion damit binden. Danach das Olivenöl mit einem Stabmixer einmontieren. Mit Salz und Pfeffer abschmecken. Den Ziegentaler längs halbieren und für 5 Minuten bei 100 °C in den Ofen stellen. Den Treviso gefällig auf einem Teller anrichten und mit der Vinaigrette beträufeln. Die Orangensauce etwas erwärmen, dann Rosinen, Pinienkerne, Tomaten und Basilikum hineingeben. Jeweils 3 Stücke Ziegentaler zu dem Treviso geben und mit der toskanischen Sauce überziehen. Küchenchef Andreas Mattern dekoriert außerdem mit filetierten Orangen, halbierten Cherrytomaten sowie Kresse und Basilikum.

SPINAT-MINZE-CREME-SÜPPCHEN

kochBar – essBar, Seite 100

ZUTATEN FÜR 4–6 PERSONEN

1–1½ kg Spinat, 2 Schalotten, 1 EL Butter, 1 Knoblauchzehe, 3 EL Olivenöl, 500 ml Gemüsefond, 500 ml Sahne, 1 Zweig frische Minze, Salz und Pfeffer, eine Prise Muskat, Weißwein nach Belieben, Butterflocken, 100 ml Milch

ZUBEREITUNG

Spinat waschen, säubern und die Stiele von den Blättern zupfen. Schalotten abziehen, würfeln und in einer Pfanne mit etwas Butter anschwitzen. Dann den Knoblauch fein hacken, hinzugeben und alles weiter für kurze Zeit anschwitzen. Spinat und Olivenöl zu den Schalotten und Knoblauch in die Pfanne geben und schwenken, bis alles gut vermischt und der Spinat erhitzt ist. Mit Gemüsefond und einem Schuss Weißwein ablöschen, 2 bis 3 Minuten köcheln lassen, dann ganz langsam die Sahne unterrühren und alles zusammen 4 bis 5 Minuten einreduzieren. Zum Schluss noch die Minze klein hacken und hineingeben.

Mit einem Stabmixer pürieren und nach Belieben mit Salz, Pfeffer, Muskat und Weißwein abschmecken. Kurz vor dem Servieren Flocken kalter Butter unterrühren, damit die Suppe Bindung bekommt. Die Milch im Topf erwärmen und dabei mit dem Stabmixer aufschäumen. Anschließend die Suppe in Schalen verteilen, einen Klecks Milchschaum mittig auflegen und darauf ein Minzeblatt dekorieren. Guten Appetit!

KAISERSCHMARREN „SÜDTIROLER STUBEN“

Südtiroler Stuben, Seite 104

ZUTATEN FÜR 4 PERSONEN

150 g Mehl, 250 ml Milch, lauwarm, 1 Prise Salz, 4 Eier, 30 g Zucker, 60 g Rosinen, 80 g Butter, Puderzucker nach Geschmack

ZWETSCHGENRÖSTER ALS BEILAGE

250 g Zucker, 125 ml Wasser, etwas Zimtpulver, 1 Nelke, Saft und Schale einer Zitrone, unbehandelt, 500 g Zwetschgen, entsteint und halbiert

ZUBEREITUNG

Die Milch mit dem Mehl und einer Prise Salz glatt rühren, die Eier trennen und das Eigelb zum Teig hinzufügen und damit vermischen. Das Eiweiß mit dem Zucker zu Eischnee schlagen und vorsichtig unter den Teig ziehen. Die Rosinen untermischen. In einer großen Pfanne Butter erhitzen, den Teig hineingeben und kurz an der Unterseite bräunen lassen. Dann im vorgeheizten Backofen bei 160 °C noch 10 Minuten fertig backen. Den fertigen Kaiserschmarren mit zwei Gabeln in Stücke reißen und mit viel Puderzucker bestreuen.

Als Beilage empfehlen die Südtiroler Stuben saftige Zwetschgenröster, die wie folgt zubereitet werden: Zucker und Wasser mit etwas Zimt, einer Nelke und Saft und Schale einer unbehandelten Zitrone aufkochen lassen und die halbierten Zwetschgen hinzufügen. So lange kochen, bis die Zwetschgen weich sind.

REZEPTE

Kunst auf dem Teller: Iberico-Schweinefilet mit Pinienkernkruste (l.) und Seeteufel-Medaillons in Pancetta (r.)

IBERICO-SCHWEINEFILET MIT PINIENKERNKRUSTE

Picasso, Seite 106

ZUTATEN FÜR 4 PERSONEN

800 g Iberico-Filet

PINIENKERNKRUSTE: *100 g getrocknete Zwiebeln, 100 g Pinienkerne, 8 EL Olivenöl, 2 EL Dijon-Senf, 2 Thymianzweige, gehackt, 2 EL Essig, 2 TL Zitronenpfeffer, 2 TL Roggenmehl, eine Prise Salz, eine Prise grobes Meersalz*

ZUBEREITUNG

Alle Zutaten für die Kruste in eine Schüssel geben und mit dem Mixstab vermengen. Eine Grillpfanne stark erhitzen und eine Prise grobes Meersalz auf dem Boden verteilen. Die Filets vom Iberico-Schwein 3 Minuten lang von beiden Seiten anbraten. Es wird kein Öl benötigt. Die Filets aus der Pfanne nehmen und die Pinienkernmasse darauf verteilen. Das so präparierte Fleisch in den auf 200 °C vorgeheizten Ofen schieben und 8 lang Minuten überbacken.

Dazu reicht Luis Alvarez Rosmarinkartoffeln aus dem Backofen.

Als Weinbegleitung empfiehlt er einen Ribera del Duero Crianza vom Weingut Bodegas Convento Oreja. Dieser Rotwein zeigt kräftige Noten reifer Waldfrüchte und hat eine sanfte Nuance.

SEETEUFEL-MEDAILLONS IN PANCETTA

Landhaus Ententeich, Seite 108

ZUTATEN FÜR 4 PERSONEN

RISOTTO: *50 ml Olivenöl, 1 Schalotte, fein geschnitten, 250 g Risottoreis, 1000 ml Gemüsefond, 800 ml Rotwein, 80 g Parmesankäse*

FISCH: *600 g Seeteufel-Medaillons, 4 Scheiben Pancetta, 1 Prise Maldonsalz, Olivenöl zum Braten, 1 Rosmarinzweig, 4 Scheiben Lardospeck*

SAUCE: *500 ml Geflügelfond, 250 ml Weißwein, Saft von ½ Limette, 1 EL Safranfäden, 1 Prise feines Sojapulver*

BEILAGEN: *250 g Sellerie, 150 g Kartoffeln, 1 EL Butter, ½ Vanilleschote, ausgekratzt, 1 Prise Muskat, 125 ml Sahne, 500 g Karotten, 1 Prise Zucker, 1 Prise Korianderpulver, 1 EL Butter, Salz, Pfeffer*

ZUBEREITUNG

Olivenöl in einem Topf erhitzen und die fein geschnittene Schalotte anschwitzen. Risottoreis dazugeben. Gemüsefond mit Rotwein mischen und nach und nach über ca. 20 Minuten an den Reis geben. Zum Schluss mit Parmesan binden.

Die Seeteufel-Medaillons mit Pancetta umwickeln und mit etwas Maldonsalz würzen. Bei 160 °C in Olivenöl mit einem Zweig Rosmarin anbraten. Bei ca. 65 °C für 5 bis 8 Minuten im Backofen ruhen lassen. Lardospeck kross anbraten und auf einem Küchentuch ablegen.

Für die Sauce Geflügelfond, Weißwein und Limettensaft einkochen. Safranfäden dazugeben und mit Sojapulver aufmixen.

Sellerie und Kartoffeln putzen und würfeln. In Salzwasser kochen und durch ein Sieb passieren. Mit Butter, Vanille, Muskat, Pfeffer und Salz würzen und die Sahne unterrühren. Die Karotten putzen und in Scheiben schneiden. Dem Kochwasser Zucker, Salz und Koriander zugeben. Sind die Möhren bissfest gekocht, abgießen und mit Butter glasieren. Alle Zutaten nach Belieben auf dem Teller anrichten.

Zweimal Lachs: Tatar vom Rauchlachs mit Granny Smith (.) und Duett von Kabeljau und Lachs unter einer Kartoffel-Kruste (r.)

TATAR VOM RAUCHLACHS MIT GRANNY SMITH

Schnitzlers, Seite 110

ZUTATEN FÜR 4 PERSONEN
200 g Rauchlachs (Label Rouge), 1 Schalotte, 1 Granny Smith, ½ Zitrone, 1 TL Meerrettich, Salz, Pfeffer aus der Mühle, ½ TL Olivenöl, Salatblätter, frische Kräuter, Apfelspalten

ZUBEREITUNG
Den Rauchlachs und die abgezogene Schalotte fein würfeln. Den Granny Smith halbieren, die eine Hälfte entkernen und ebenfalls würfeln. Die entkernte zweite Hälfte grob würfeln und mit etwas frischem Zitronensaft pürieren. Das Apfelpüree kalt stellen. Die fein gewürfelten Zutaten in eine Schüssel geben, den Meerrettich hinzufügen, mit Salz und Pfeffer abschmecken. Das Olivenöl ebenfalls zugeben und mit dem verbleibenden Rest Zitrone anspritzen. Alle Zutaten sorgfältig vermischen.

ANRICHTEN
Das fertige Tatar mithilfe eines kleinen Servierrings anrichten. Das Apfelpüree in eine Dosierflasche geben und ein dekoratives Muster zeichnen. Falls keine Dosierflasche vorhanden sein sollte, kann man mithilfe eines Espressolöffels auch kleine Punkte tupfen. Ganz nach Wunsch mit Salatblättern, frischen Kräutern oder Apfelspalten ausgarnieren.

DUETT VON KABELJAU UND LACHS UNTER EINER BÄRLAUCH-KARTOFFEL-KRUSTE

Borgböhmers Waldesruh, Seite 112

ZUTATEN FÜR 4 PERSONEN
360 g Kabeljaufilet, 360 g Lachsfilet

FÜR DIE KARTOFFEL-KRUSTE: *1,2 kg mehlig kochende Kartoffeln, 1 Bund Bärlauch, 2–3 EL Olivenöl, 320 ml Milch, Butter, Muskatnuss, Salz und Pfeffer*

FÜR DAS GEMÜSE: *800 g grüner Spargel, 800 g weißer Spargel, Zucker, 2–3 EL Sesamöl, 1 TL weißer Sesam, Salz, Pfeffer aus der Mühle*

ZUBEREITUNG
Zunächst die Kartoffeln schälen und in Salzwasser weich kochen. In der Zwischenzeit den Bärlauch zusammen mit ein wenig Olivenöl zu einer geschmeidigen Pesto-Masse pürieren. Die Milch und einen Stich Butter gemeinsam erwärmen. Dann werden die Fischfilets jeweils in vier gleich große Stücke geschnitten.
Wenn die Kartoffeln gar sind, das Wasser abschütten und die heißen Kartoffeln durch eine Kartoffelpresse in die warme Milch-Butter-Mischung pressen. Das Ganze mit einem Schneebesen verrühren und mit 2 EL Bärlauch-Pesto, Salz und Muskat abschmecken. Die Fischfilets mit Salz und Pfeffer würzen und in Olivenöl glasig anbraten. Das Kartoffelpüree in einen Spritzbeutel geben und auf den Fischfilets verteilen. In der Pfanne warm halten.
Den zwischenzeitlich geschälten weißen und grünen Spargel in einem Topf mit Wasser (jeweils eine Prise Salz und Zucker hinzugeben) bissfest kochen. Anschließend den Spargel aus dem Topf heben, kurz abtropfen lassen und in etwas Sesamöl und weißer Sesamsaat schwenken.

ANRICHTEN
Gemeinsam mit den Fischfilets unter der Bärlauch-Kartoffel-Kruste wird der Spargel angerichtet und mit ein paar Spritzern des restlichen Bärlauch-Pestos dekoriert.

Nirgendwo sonst ist die Kiosk-Kultur so weit verbreitet wie im Ruhrgebiet. Nicht nur die Kölner Tatort-Kommissare schwören auf den Ausschank „anne Bude"

„ANNE BUDE"

Kulinarische Grundversorgung oder sozio-kulturelle Begegnungsstätte: die Kioske

Es gibt sie in beinahe allen Regionen Deutschlands, sie heißen Kiosk, Büdchen oder Trinkhalle. Aber nirgendwo sind sie so zahlreich und so eng mit dem Leben im Stadtteil verbunden wie im Ruhrgebiet: die „Buden". Zwischen 16 000 und 18 000 von ihnen allein in den Ruhrmetropolen sichern die Erstversorgung in allen Lebenslagen. Hier gibt es nicht nur Süßigkeiten, Alkohol und Tabakwaren, sondern auch Zeitschriften, Toilettenpapier, Batterien und Kaffeefilter. Eben alles, was man noch schnell braucht, wenn die Geschäfte noch oder schon wieder geschlossen sind. Aber eine Ruhrmetropolen-Bude ist viel mehr als ein Verkaufskiosk. „Anne Bude" finden – bei einem kühlen Pils oder einem heißen Kaffee – die wirklich wichtigen Gespräche über die wirklich wichtigen Themen des Lebens statt. Beispielsweise die über das letzte Spiel der heimischen Fußballmannschaft, das Wetter und nicht zuletzt die über Politik oder nachbarschaftliche Angelegenheiten. Die Bude ist Eckkneipe, Stadtteiltreff und Informationsbörse. Hier kennt man seine Kunden und nimmt sich Zeit für sie. Und wer glaubt, „anne Bude" trifft man vor allem Rentner und Arbeitslose, der irrt gewaltig. Gerade für Kinder ist die „Klümpchenbude" noch immer ein echtes Einkaufserlebnis. Hier gibt es die gemischte Tüte für wenige Cents, die neben Salinos und Brausebonbons auch saure Zungen und Schaumhütchen enthält. Außerdem kann man hier sein Taschengeld in Eis, alkoholfreie Getränke, Sammelbilder und kleine Spielzeuge investieren. Jugendliche dagegen decken sich mit Zeitschriften ein oder kaufen ihr erstes Bier. Die Bude und ihr Sortiment sind generationsübergreifend!

Die Geschichte der Ruhrgebiets-Buden ist lang und eng mit der Industrialisierung der Region verbunden. Um dem stetigen Alkoholkonsum der Arbeiter um 1900 etwas entgegenzusetzen, installierten Mineralwasserabfüller vor den Werkstoren von Zechen und Stahlwerken sogenannte „Seltersbuden". Damit die neue Branche florieren und sich die positive Wirkung durchsetzen konnte, förderten viele Städte das Unterfangen, indem sie preisgünstig Grund-

stücke zur Verfügung stellten. Begünstigt wurde die schnelle Verbreitung der Trinkhallen zudem durch die Gewerbeordnung von 1869. Während für den Ausschank von alkoholischen Getränken eine aufwendige Schankerlaubnis einzuholen war, wurde bei einer „gewerbsmäßigen Verabreichung von Kaffee, Thee und Mineralwasser" in den Trinkhallen auf dieses Verfahren verzichtet. Bereits einige Jahre später gehörten neben dem teils mit Kohlensäure versetzten Trinkwasser auch deftige Snacks wie eingelegte Gurken und Heringe sowie Nahrung fürs Hirn in Form von Tageszeitungen zum gängigen Sortiment. So wurde aus der ehemaligen Mineralwasser-Verkaufsstation schon bald ein Kleinstgeschäft für die Dinge des täglichen Bedarfs. Aus Konzessionsgründen durften diese jedoch nur in geringen Mengen und für den sofortigen Gebrauch angeboten werden. Waren die ersten Buden noch schmucklose, aber praktische Verkaufsräume, so entstanden viele der architektonisch besonders reizvollen Trinkhallen in den Zeiten des „Wirtschaftswunders". Oftmals als freistehende Gebäude mit geschwungenen Vordächern und im typisch modernen Stil der 1950er-Jahre. Der mengenmäßige Höhepunkt an Trinkhallen im Ruhrgebiet war 1960 erreicht. Damals gab es 457 beziehungsweise 305 entsprechende Einträge in den Adressbüchern der Städte Dortmund und Bochum.

Heute sind die Buden noch immer Sinnbild des bodenständigen Reviers. Hier trinkt der schwer malochende Arbeiter nach der Schicht gemeinsam mit Kollegen noch ein Bier – so das Klischee. Doch längst gibt es immer weniger „Malocher". Außerdem machen Supermärkte, Discounter und Tankstellenshops mit Öffnungszeiten rund um die Uhr vielen Budenbesitzern Konkurrenz. Das Projekt „Designkiosk ruhr.2010" setzte der Bude im Kulturhauptstadtjahr ein liebevolles Denkmal. Ausgewählte Standorte wurden Stationen einer Erlebnisroute durchs Ruhrgebiet. Neben der exklusiven „Designkiosk-Edition" gab es an jedem „Designkiosk" zusätzlich Arbeiten von einem ausgewählten Designer zu sehen und auch zu kaufen. Neben der Kunst war jedoch eine andere die heimliche Hauptdarstellerin ... Es lebe die Bude!

Ganz gleich, welche „Süßkram-Attacke" einen gerade überkommt: Das Sortiment am Kiosk kann aus vielen Notlagen retten

MONTOSCO
PEPE NERO
BLACK PEPPERCORNS

KOCHHANDWERK UND FEINSINN

Kulinarische Unterhaltung im Officina

Der Besuch im Officina ist jedes Mal eine Entdeckung. Der Weg in die Werkstatt italienischer Küche führt zunächst durch ein Hoftor, und dann erblickt der Gast rechter Hand sein Ziel: das Officina, angesagtes Esszimmer in Bredeney. Eine entspannte Stimmung sorgt, neben köstlicher Küche, schon zur Mittagszeit für vollbesetzte Tische – drinnen oder auf der gemütlichen Sonnenterrasse. Im Gastraum spielt die je nach Jahreszeit wechselnde, opulente und geschmackvolle Deko mit dem rauen Charme der ehemaligen Fabrikhalle und deren Dimensionen. Während man auf langen, aus Metallgerüsten konstruierten Bänken nebeneinander sitzt, wünscht man sich, dass der Teller nicht so schnell serviert wird … Die täglich wechselnde Mittagskarte zeigt vor allem eins: gesunde, leichte, original italienische Speisen. Unverfälschte Klassiker wie Steinofenpizza, hausgemachte Steinpilzravioli, Risotto Porcini (das Rezept finden Sie auf der Seite 152) oder Zanderfilet, mediterran interpretiert, machen angenehm satt. Kenner wählen ein gutes Stück Fleisch. Durch den hauseigenen Großhandel, alles direkt aus Italien importiert, wird beste Qualität gewährleistet – die typischen Aromen kommen, durch Gewürze und Gemüse leicht akzentuiert, vollkommen zur Geltung. Am Abend das gleiche Bild: Freunde und Familien genießen leichte Speisen in lockerer Atmosphäre. Das Motto „Willkommen in Italien" wird mit viel Liebe zum Produkt und zu einer engagierten Crew glänzend umgesetzt. Und wer noch mehr davon will, bucht am besten einen Kochkurs, der im oberen Geschoss des Officina stattfindet. Weitere Option: Auch die gesamte Genusswerkstatt lässt sich für eine unvergessliche Feier buchen.

OFFICINA
Franco Giannetti
Bredeneyer Straße 142
45133 Essen
Telefon 02 01 / 846 24 47
www.gastronomia-officina.de

TANTE EMMAS ERBEN

Familie Unterhansberg erfrischt das kulinarische Gedächtnis

Kürbis-Orangen-Suppe

Dieses Rezept finden Sie auf der Seite 152

Selbst gemachte Marmelade oder eingewecktes Obst: Das sind individuelle Köstlichkeiten, die wunderbar schmecken, aber inzwischen selten aufgetischt werden. Wer hat heute noch die Zeit oder das Wissen, Großmutters Rezepte nachzukochen oder sogar modern zu interpretieren? Liebhaber solch authentischer, ehrlicher Speisen werden im Buchholzhof bei Familie Unterhansberg fündig – einem würdigen Nachfolger des legendären Tante-Emma-Ladens.

In der 2010 erbauten, großzügigen und verkehrsgünstig gelegenen Scheune findet man alles, was gut schmeckt und vor allem nicht überall zu haben ist. Regionales und Saisonales ist liebevoll und übersichtlich sortiert. Der kulinarische Rundgang beginnt mit rustikalen Brotwaren und saftigen Blechkuchen, weiter geht es in der süßen Abteilung mit Honigspezialitäten, produziert vom Onkel, oder mit Marmeladen, kreiert und gekocht von der Chefin. Es folgen Wurstwaren, die nach hauseigenem Rezept hergestellt werden. Für den schnellen Hunger gibt es Suppen und Eintöpfe aus der Dose, die – ungelogen – schmecken wie frisch vom Herd. Käse, Saucen, Gemüse und Obst … der Einkaufswagen ist schnell und gut gefüllt. Aus eigener Produktion kommen Eier, Kartoffeln, Getreide, Erdbeeren, Spargel und viele unterschiedliche Kürbisse; alles Weitere liefern befreundete, ausgesuchte Partner.

Dass aus dem kleinen Eierstand, mit dem die Großeltern in den 1960er-Jahren begannen, solch eine Erfolgsgeschichte wurde, ist der Intuition und dem Geschick von Jochen und Birgit Unterhansberg zu verdanken. Der staatlich geprüfte Landwirt und die gelernte Industriekauffrau haben den Buchholzhof zum Geheimtipp für Freunde bester Hausmannkost gemacht. Und die dürfen sich auch auf die Zukunft freuen: Beide Töchter des Hauses bleiben im Metier und haben schon köstliche Pläne.

BUCHHOLZHOF
Familie Unterhansberg
Am Buchholz 13
45470 Mülheim an der Ruhr
Telefon 0 20 54 / 8 33 70
www.buchholzhof.com

IM NEULING ZU HAUSE

Authentische Gemütlichkeit und eine klassisch westfälische Küche

Seit über 100 Jahren ist die ehemalige Bergmannskneipe im Bochumer Stadtteil Weitmar schon in der Hand der Familie Schmidt. Und wo es früher bestenfalls eine Frikadelle zum Bier gab, werden heute geschmorte Ochsenbäckchen, frische Lachsforelle, Panhas mit Röstkartoffeln und Filetsteak vom Angus-Rind serviert. Und wer es lieber fleischlos mag, wird in der „Vitalkarte" fündig. Verantwortlich für das umfangreiche Speisenangebot sind Vater Julius und Sohn Axel Schmidt – im Restaurant Zum Neuling stehen Chef und Juniorchef gemeinsam am Herd. Die beiden verstehen es, ihre Gäste mit authentischen Klassikern der gehobenen deutschen Küche an sich zu binden – sowohl die Stammgäste des Restaurants als auch die vielen in- und ausländischen Gäste des Hotels, das ebenfalls zum Unternehmen gehört. Sie alle schätzen jedoch nicht nur das gute Essen – übrigens ausnahmslos zubereitet aus saisonal frischen und regionalen Produkten –, sondern auch die familiäre Atmosphäre.

Für alles, was außerhalb der Küche passiert, sind die drei Frauen der Familie Schmidt verantwortlich: Seniorchefin Gisela Schmidt ist die Seele des Hauses, Christa Schmidt verantwortet den Restaurantservice und Juniorchefin Katja Schmidt das Hotelmanagement sowie die organisatorischen Aufgaben. Erfreulich: Die nächste Generation steht schon bereit. Anna und Felix, die Kinder der Junioren, helfen gerne und fleißig mit. Und auch das gehört zum besonderen Angebot: ein Party-Service in bester Restaurant-Qualität. Ob Geburtstag, Hochzeit oder Jubiläum – von Kanapees bis zum warmen Buffet bietet Familie Schmidt alles, womit sich eine Feier aus Feinschmeckersicht krönen lässt. Apropos Feierlichkeiten: Die Räume des Restaurants, das Stübchen ebenso wie der festlich eingerichtete Spiegelsaal, bieten viele Möglichkeiten, private oder Firmenanlässe zu zelebrieren und sich dabei kulinarisch verwöhnen zu lassen.

Bachsaibling auf Kartoffel-Karotten-Stampf

Dieses Rezept finden Sie auf der Seite 152

HOTEL RESTAURANT ZUM NEULING
Inhaber: Julius Schmidt
Neulingstraße 42
44795 Bochum
Telefon 02 34 / 94 69 80
www.zumneuling.de

VON HERZEN ANDERS

Zwei engagierte Frauen bitten in Recklinghausen zu Tisch

Vesttafel – der Name des Restaurants, das Mirela Huhmann und Katharina Luft seit 2011 im Herzen der Recklinghäuser Altstadt führen, ist tiefgründig. Einerseits ruft er unmittelbar Bilder einer festlich gedeckten Tafel hervor, andererseits bezieht er sich auf die Region: Recklinghausen liegt im Vestischen, der Region, die durch die Emscher und die Lippe natürlich begrenzt wird. Die Einrichtung ist geradlinig-elegant, die Atmosphäre warmherzig und gastfreundlich. Hier bieten die Küchenchefin und die Serviceexpertin neue Esskultur in alten Gemäuern. Ihr Restaurant grenzt unmittelbar an die alte Engelsburg, ein ehemaliges Herrenhaus, das als modernes Hotel seit Jahren prominente Gäste beherbergt. Mirela Huhmann, die bei den Hotel- und Restaurantgästen gleichermaßen für ihre leichten, modernen Küchenkreationen bekannt ist, bevorzugt puristische Gerichte. Selten serviert sie mehr als drei Komponenten pro Gericht. Zum Rinderfilet beispielsweise gibt es getrüffeltes Kartoffelpüree und sautiertes Zucchini-Lauch-Gemüse. Und weil es der gebürtigen Rumänin wichtiger ist, dass der natürliche Geschmack der stets frischen Zutaten durch eine ihrer raffinierten Saucen hervorgehoben wird, reicht sie zum Rinderfilet eine fein abgeschmeckte Hibiskus-Jus. Jenseits der saisonal wechselnden Speisenkarte und wöchentlich wechselnden Angebote laden die beiden Frauen regelmäßig zu Themenmenüs oder Aktionswochen ein. Mal lockt die Vesttafel mit Steakwochen vom Angus- oder Wagyu-Rind, mal mit einem spielerisch leichten Sommermenü, passend zu den Ruhrfestspielen. Wer einen ersten Besuch plant: Mittwochs gibt es das 3-Gänge-Menü zum Sonderpreis. Und auch wenn der Name ihres Restaurants eine gewisse Festlichkeit assoziiert, legen die beiden Inhaberinnen und ihr junges Team großen Wert auf natürliche Herzlichkeit.

Heilbuttfilet mit Graupen-Kräuter-Risotto und Rettichcarpaccio

Dieses Rezept finden Sie auf der Seite 153

VESTTAFEL –
RESTAURANT IN DER ENGELSBURG
Mirela Huhmann und Katharina Luft
Augustinessenstraße 10
45657 Recklinghausen
Telefon 023 61 / 20 11 25
www.vesttafel.de

AUSGEZEICHNET!

Seit über hundert Jahren Backwaren vom Feinsten

Schoko-Nougat-Torte

Dieses Rezept finden Sie auf der Seite 154

Für Brigitte, Michael und Ingolf Löhken und ihr rund 20-köpfiges Mitarbeiterteam begann das Jahr 2013 ausgezeichnet. Sie konnten sich gleich über zwei Ehrungen freuen: Ihr Unternehmen „Bäckerei, Konditorei und Café Löhken" in Sprockhövel-Haßlinghausen, wurde vom FEINSCHMECKER erneut zu einer der 600 besten Bäckereien in ganz Deutschland gekürt und wird zudem als eine der 300 Top-Adressen für Genießer im Raum Ruhrgebiet, Düsseldorf und Niederrhein empfohlen. Kein Wunder – bis heute werden alle Bäckerei- und Konditoreiprodukte des Hauses mit viel Liebe und von Hand gefertigt. Übrigens nach alten Familienrezepten und ausschließlich aus naturreinen und frischen Zutaten bester Qualität. Keine Frage – wer gute Backwaren liebt, schmeckt das sofort!

Unterstützt von ihren erfahrenen Mitarbeiterinnen und Mitarbeitern kreieren die Brüder Michael und Ingolf Löhken in der traditionellen Backstube raffinierte Confiserieprodukte, frische Brote, Kuchen und andere Backwaren nach handwerklicher Art. Unter ihren Händen entstehen köstliche Torten, exquisite Gebäcke, feinste Pralinen und die leckeren Brote, für die der Familienbetrieb Löhken bekannt ist. Überregionale Beliebteit hat das von der Geschäftsführerin Brigitte Löhken geleitete Familienunternehmen auch durch seine feinen Präsentpakete erlangt. Legendär sind die aromatischen Stollen, die – wie alle anderen kulinarischen Geschenke – vor Ort gekauft werden können oder auf Wunsch in der Vorweihnachtszeit direkt an die Kunden verschickt werden. Sehr beliebt sind auch die Adventskalender aus der eigenen Herstellung. Hier stehen neben verschiedenen Motiven auch individuelle Füllungen mit allerfeinsten Trüffelpralinen zur Auswahl. Zu jeder Jahreszeit willkommen sind Genießer in dem liebevoll eingerichteten Café an der Mittelstraße. Ob drinnen oder draußen, bei einem herzhaften Frühstück, einem Stück Kuchen oder Torte sowie einer der ausgesuchten Kaffee- und Teespezialitäten kann man hier herrlich entspannen.

LÖHKEN
Bäckerei Konditorei Café
Inhaber: Familie Löhken
Mittelstraße 35
45549-Sprockhövel-Haßlinghausen
Telefon 023 39 / 23 02
www.baeckerei-loehken.de

Zur
alten
Post

FRISCH AUFGETISCHT

Der sonnige Süden lässt grüßen

Dass einem die Speisenkarte des Restaurants Zur alten Post im Bochumer Stadtteil Linden spanisch vorkommt, hat seine Richtigkeit. Acht Jahre lang hat Inhaber und Küchenchef Frank Schulz in Spanien gelebt und sich dort intensiv mit der regionalen Küche befasst. Vor zwölf Jahren kehrte er ins Ruhrgebiet zurück, und vor vier Jahren eröffnete er sein eigenes Restaurant: „La Posta“. In den gemütlich eingerichteten Räumen, die sich in der ehemaligen Lindener Post befinden, bietet er die ganze Bandbreite der spanischen und portugiesischen Küche an. Von typisch mediterranen Tapas über frische Fisch- und Fleischgerichte bis zu süßen Postres, Nachspeisen. Dabei legen Frank Schulz und sein Team großen Wert auf die traditionelle Zubereitung der Gerichte sowie auf die Verwendung original spanischer und portugiesischer Zutaten. Der leidenschaftliche Koch versteht es, den Speisen mit eigenen Ideen besondere Geschmacksimpulse zu verleihen. Auch die Getränkekarte ist authentisch und bietet eine große Auswahl an spanischen und portugiesischen Weinen und Bieren. Dass hier bis zu 160 Gäste gemütlich sitzen und essen können, sieht man dem alten Fachwerkhaus, das der Gastronom mit der Eröffnung seines Restaurants vor dem Aus gerettet hat, von außen nicht an. Genug Platz also für Veranstaltungen, bei denen sich Unterhaltung und Kulinarik die Waage halten. Vom spannenden Krimi-Dinner über kulinarisches Impro-Theater bis zu spanischer Livemusik inklusive Tapas-Auswahl geht hier mehrmals im Monat im wahrsten Sinne des Wortes die Post ab. Begehrt ist das Lokal aber auch wegen seiner Bürgernähe. „Wir fühlen uns dem Stadtteil zugehörig und heißen alle Generationen gleichermaßen willkommen“, sagt Frank Schulz. „Stammtischrunden ebenso wie Familien mit Kindern oder Menschen, die sich geschmacklich an ihren letzten Urlaub unter südlicher Sonne erinnern möchten.“

Fischtopf à la Gallega mit Meersalzkartoffeln
Dieses Rezept finden Sie auf der Seite 154

ZUR ALTEN POST „LA POSTA“
Inhaber und Küchenchef: Frank Schulz
Hattinger Straße 846
44879 Bochum
Telefon 02 34 / 546 44 32
www.la-posta.de

SON CATIU
picual
SON CATIU
arbequina
taronja
taronja

VOM LANDWEIN BIS ZUM GRAND CRU

Mit Weinschmecker auf bestem Weg zum Genuss

Fusionsküche: Wenn Zutaten unterschiedlicher Kulturen ein neues, spannendes Geschmackserlebnis hervorrufen, wird dies von Feinschmeckern hierzulande schon lange geschätzt. Als Geschäftsmodell ist diese Verbindung allerdings eher selten … aber man findet es zum Beispiel in Selbeck, dem südlichen Zipfel von Mülheim an der Ruhr. Hier hatte Vera Welsing-Strang 1999 für ihr Reisebüro Räume gefunden, die sie zu mehr inspirierten. Nach kurzer Überlegung war klar: Wer gern reist, der genießt das Leben, und die Idee, parallel dazu einen ambitionierten Weinhandel zu etablieren, war geboren. Auch nach dem Umzug im Jahr 2010 führt die Genuss-Spezialistin ihr Konzept konsequent fort, und inzwischen ist Weinschmecker eine Institution für Lifestyle in der Ruhrmetropole. Ob Einsteiger oder Kenner: Für jeden Geschmack, für jede Gelegenheit holt Vera Welsing-Strang, die inzwischen am Deutschen Weininstitut in Wiesbaden den Titel Weinfachberaterin erworben hat, den passenden Tropfen aus dem Regal. Sie offeriert Vertreter der klassischen europäischen Terroirs ebenso wie Spezialitäten aus Südafrika. Aperitifs, Perlendes von Sekt bis Champagner, mehr als 150 Weine, Dessertweine und Digestifs – Begleiter für aromatisches Essen oder gemütliche Stunden – lagern im Schatten des Olivenbaums, der für Vera Welsing-Strang ein jahrtausendealtes Sinnbild des feinen Geschmacks ist. Hier konzentriert sie ihr ausgefallenes, kulinarisches Angebot und präsentiert Weinthemen, die ihr besonders am Herzen liegen wie ihr Spezialgebiet Mallorca, mit einer Auswahl an Literatur, Ölen, Gewürzen, Salzen, herzhaften oder auch süßen Knabbereien und natürlich dem hippen Partner von Wein: der Schokolade. Alles köstlich für den eigenen Verzehr oder toll verpackt als Geschenk. Weinschmecker ist eine Reise wert.

WEINSCHMECKER
Vera Welsing-Strang
Kölner Straße 428
45481 Mülheim an der Ruhr
Telefon 02 08 / 466 76 86
www.welsingstrang.de

... IN EWIGKEIT. LECKER.

Köstliche Kontinuität im Ristorante Costa Azzurra

Capelli d'Angelo del Buongustaio
Dieses Rezept finden Sie auf der Seite 155

Als Giovanni Lattarulo im Januar 1978 das Costa Azzurra eröffnete, hatte der energiegeladene Italiener schon in exquisiten Küchen gearbeitet. Unter anderem bereitete er im Londoner Claridge´s für Her Majesty the Queen einige Köstlichkeiten zu. In Duisburg startete er allerdings mit italienischer Küche für alle: Seit über 35 Jahren kocht er volksnah und vollkommen ohne Pomp. Einzige Extravaganz auf der umfangreichen Karte sind die Namen der Menüs wie „Emilio", „Fausto", „Antonella" und „Veronica alla Ricca". Dahinter verbergen sich vielfältige Klassiker in leckerer Komposition: Antipasti alla Griglia, Vitello Tonnato oder Tacchino (Truthahn) in Salsa Verde machen den Anfang. Es folgen Costoletta di Carré d´Agnello (Lammkotelett) oder Pescatrice alla Senape di Dijon (Seeteufel in Dijon-Senfsauce). Hummer, Muscheln und Austern – traditionell gehören sie auf jede mediterrane Karte – warten im eiskalten Salzwasser auf die Feinschmecker. Das Brot aus der eigenen Herstellung ist sowieso immer dabei. Und es ist genauso frisch und lecker wie alles, was von den zwei Chefköchen und der treuen Brigade zubereitet wird. Die freundliche Bedienung, schwarz-weiß und ganz klassisch gekleidet, bringt zu guter Letzt Dolci in allen Variationen.

Praktisch: Wer spontan Hunger nach diesem unkomplizierten Genuss verspürt, kommt einfach vorbei. Seit jeher wird hier an sieben Tagen der Woche durchgehend von mittags bis abends aufgetischt. Ohne Stress und mit viel Gefühl für gute, bezahlbare italienische Küche. Oder man verlässt sich auf den individuellen Catering-Service, der bis ins Bergische Land liefert. Die Familie Lattarulo hat mit viel Fleiß, Können und Verlässlichkeit deutsche Esser zu echten Tifosi der italienischen Kochkultur gemacht.

RISTORANTE COSTA AZZURRA
Giovanni Lattarulo
Danziger Straße 26
47057 Duisburg
Telefon 02 03 / 37 00 44
www.costa-azzurra.de

TS
WEISS

DER GENUSSBOTSCHAFTER

Die Ruhrgebiets-Bäckerei Blankenhaus steht der gehobenen Gastronomie in nichts nach

Dieser Bäcker brennt. Und zwar für sein Handwerk. Der Einfallsreichtum von Bernd Armbrust, Inhaber der Wattenscheider Bäckerei Blankenhaus, ist enorm: Bei der Schöpfung immer neuer Brotkreationen ebenso wie bei deren appetitlicher Präsentation. Nicht nur mit den eigenen, fantasievollen Brotsorten – beispielsweise Bananen-Buttermilch-Stuten, Belugalinsenbrot mit Salbei oder Maronenbrot mit karamellisierten Feigen – macht der Wattenscheider Bäckermeister auf sich aufmerksam. Auch die Art und Weise, wie er sie seinen Kunden im wahrsten Wortsinn schmackhaft macht, ist einzigartig: In der Mitte seines nur 60 Quadratmeter großen Geschäfts präsentiert er auf einer Art „Genuss-Insel" täglich variierende, frische Brotspezialitäten – inklusive leckerer Kostproben, versteht sich. „Die Kunden sollen zum Probieren verführt werden, sie sollen sich durchnaschen", erklärt Armbrust sein Konzept, das den Bäckereibesuch zu einem regelrechten Genusserlebnis macht. Und weil für Bäckermeister Armbrust zu einem kompletten Brotmenü auch ein guter Tropfen gehört, werden auf dem urigen Backwagen passende Weine oftmals gleich mitpräsentiert. Für die Verbreitung seiner vielen guten Ideen, persönlichen Tipps und Rezepte ist auch an anderer Stelle gesorgt: Seit fünf Jahren stellt Bernd Armbrust zweimal im Monat in der Sendung „daheim + unterwegs" seine Rezepte vor – und gleichzeitig seine Entertainerqualitäten unter Beweis. Die vielen Zuschauerreaktionen beweisen, welch ansteckende Wirkung sein Enthusiasmus hat. Zudem ist der engagierte Brotkünstler unlängst unter die Autoren gegangen. Sein Buch, das neben zahlreichen klassischen auch die besonders ausgefallenen Brotrezepte aus der Blankenhaus-Backstube enthält, macht Lust aufs Selberbacken. Trotz der medialen Bekanntheit empfindet Bernd Armbrust selbst sich als „Bäcker zum Anfassen": Gern steht er im eigenen Laden, berät, verkauft und hört sich die Wünsche und Anregungen seiner Kunden an.

UrAcker Korn
BROT
BROT
PurPur-Brot mit Möhren
Belugalinsen-brot
unifrutti
PRODUCT OF CHILE

Die Begeisterung und Leidenschaft für das Bäckerei-Handwerk setzt sich in der Wattenscheider Familie bereits in dritter Generation fort. Im Jahr 1937 gründete Großvater Ernst Blankenhaus das Unternehmen. Seit 1974 entscheidet Bernd Armbrust, der wiederum bei seinem Vater Albert Armbrust in die Lehre ging, die Geschicke des Geschäftes mit. Unter seiner Federführung verwandelte sich der kleine Handwerksbetrieb in eine einzigartige Feinkostbäckerei. Die außergewöhnlichen Geschmacksideen und das Kommunikationstalent des Inhabers tragen ebenso zur überregionalen Beliebt- und Bekanntheit der Backwaren bei, wie die Verwendung hochwertiger Rohstoffe und deren traditionelle Verarbeitung. Gebacken wird wie früher im Souterrain des Hauptgeschäfts, in einer rund 80 Quadratmeter großen Backstube. Nur 15 Quadratmeter Backfläche stehen den Bäckern hier zur Verfügung. Und da sich die Menge der Brote und der anderen Backwaren in den vergangenen 20 Jahren verdreifacht hat, sind die räumlichen Kapazitäten längst ausgereizt. Expansion jedoch kommt für den leidenschaftlichen Bäckermeister nicht infrage. Die räumliche Eingeschränktheit „zwingt" ihn geradezu zur handwerklichen Produktion, die von seinen Kunden besonders geschätzt wird. Beinahe 90 % aller Produkte werden per Hand hergestellt. „Ich empfinde uns als Brotmanufaktur, als eine Bäckerei im ursprünglichen Sinn", sagt Bernd Armbust. „Das bedeutet auch, dass in jedem Brot sehr viel Liebe und Kompetenz steckt." Hat man einige seiner Brotspezialitäten probiert oder nachgebacken, stellt man fest: Der Mann hat recht!

Links: Buttermilch-Stuten mit frischen Bananen und Bananenchips
Dieses Rezept finden Sie auf der Seite 156

BÄCKEREI BLANKENHAUS
Inhaber: Bernd Armbrust
Markusstraße 1
44866 Bochum-Wattenscheid
Telefon 023 27 / 888 13
www.baeckerei-blankenhaus.de

EIN HOCH AUF DIE GASTLICHKEIT

Im Sythener Lindenhof arbeiten Eltern und Sohn Hand in Hand

Lammrückenfilet mit Bärlauchkruste und frittiertem Spargel-Kirschtomaten-Gemüse
Dieses Rezept finden Sie auf der Seite 182

Dass Peter Booken und sein Sohn Michael in der Küche des Lindenhofs überwiegend regionale Produkte verwenden, glaubt man ihnen sofort. Die Umgebung, in der das gutbürgerliche Restaurant liegt, ist geprägt von Wiesen und Weiden, Feldern und Äckern. Kartoffeln, Bohnen und Spargel gedeihen hier ebenso gut wie die Kräuter, die die beiden Köche frisch aus dem eigens dafür angelegten Kräutergarten holen. Von dem einst kleinen, ländlichen Schankbetrieb hat sich der Lindenhof unter der Führung von Maria und Peter Booken zu einem gemütlichen À-la-carte-Restaurant mit Kegelbahn und Räumlichkeiten für Feste aller Art entwickelt. Um den Bezug zu den Stammgästen nicht zu verlieren, wird hier bodenständige westfälische Küche bester Qualität serviert: von deftigen Speckbohnen über Lindenhof-Klassiker wie die Pfefferpfanne bis zum gratinierten Lammrücken mit Spargel-Kirschtomaten-Gemüse. Dass jedes Gericht frisch zubereitet wird, ist dabei eine Selbstverständlichkeit. Besonders schätzen die Gäste zudem die saisonalen Themenabende. Je nach Jahreszeit stehen dann italienische oder bayerische Buffets, Steakwochen oder Martinsgänse auf dem Programm. Während Maria Booken für den Service und die Gastlichkeit zuständig ist, sind Vater Peter und Sohn Michael Booken gemeinsam mit ihrer Küchenbrigade für die Kulinarik verantwortlich. Nach der Ausbildung in der Weißenburg in Billerbeck, Meisterprüfung und Wanderjahren durch in- und ausländische Restaurantküchen ist Michael Booken heimgekehrt. Nach und nach übernimmt er nun das elterliche Restaurant, das seine Großeltern bereits 1961 gründeten. Gemeinsam mit sechs weiteren Gastronomiebetrieben ist der Lindenhof regelmäßiger Akteur bei dem Kulinarik-Event „Haltern bittet zu Tisch". Und auch die Teilnahme an dem alljährlich stattfindenden „Menü-Karussell" gilt als Auszeichnung der Bookschen Kochkünste.

RESTAURANT LINDENHOF
Maria und Peter Booken
Hellweg 19
45721 Haltern am See
Telefon 0 23 64 / 65 66
www.lindenhof-haltern.de

antipasti
Sardinen
Vitello tonnato
Meeres früchte Salat
Pasta
Salsiccia
Spaghetti Scoglio
Ravioli mit
Ziegenkäse
Lasagna
Pappardelle
Carne:
Ossobuco
Olio extra vergine di Oliva
CUSCUNA

ITALIENISCH FÜR FORTGESCHRITTENE

Wem nach Cucina Italiana der Sinn steht, der ist in der Oase richtig

Lammhaxe
Dieses Rezept finden Sie auf der Seite 183

Sie war gut und wird es immer sein … die Küche Italiens. Kaum eine kulinarische Kultur setzt so konsequent auf Purismus und Effektivität. Es genügen aromatische Tomaten, frische Kräuter, bestes Olivenöl und selbst gemachte Spaghetti – fertig ist ein Gericht, das glücklich macht. Wer sich also auf das Wesentliche beschränkt, ist ein Meister seines Fachs. Und in diese Riege gehört ohne Zweifel Roberto Cucchiarini mit seinem Ristorante Oase, das die Evolution italienischer Küche in Deutschland dokumentiert.

Alles begann in den 1960er-Jahren mit der Familie Stefanuto. Die Oase startete als Eisdiele, offerierte Gelato und hielt die Erinnerung an erste sommerliche Reisen nach Rimini wach. Klar, dass die Gäste in heimischen Gefilden bald auch Pizza und Pasta genießen wollten. Die Oase erfüllte die Wünsche gern und wurde bald zur italienischen Botschaft mitten in Essen – gleichermaßen beliebt bei Bürger und Bohemien. Das Rezept für Restaurant und Küche stimmte also und wurde – gottlob! – von Roberto Cucchiarini, als er im Jahr 2004 die Oase übernahm, nicht von der Karte der Gastlichkeit gestrichen. Während immer noch ein Hauch von Cortina durch die Räume zu wehen scheint, genießen die Gäste bei einem guten Glas Wein zum Beispiel Pasta alla forma: Hausgemachte Tagliatelle werden nach dem Kochen im großen, horizontal geöffneten Käselaib gewälzt und sofort serviert. Oder man freut sich auf Pulpo vom Grill, Pasta e Fagioli oder Ossobuco mit Polenta. Wer nicht isst, redet. Mit Freunden, der Familie, dem aufmerksamen Service oder Roberto Cucchiarini. Der Mann aus den Marken, einer Region Mittelitaliens, liebt diese lebendige Stimmung … Tradition war nie schöner.

RISTORANTE OASE
Roberto Cucchiarini
Friederikenstraße 45-47
45130 Essen
Telefon 02 01 / 77 07 91
www.oase-essen.com

MIT VIEL HERZ

Familiäre Atmosphäre zeichnet das Café Waldsee aus

Originell, liebenswert und urgemütlich – so lauten nur einige Attribute, die immer wieder im Gästebuch des Waldsee-Cafés zu lesen sind. Sie bestätigen die ganz persönliche Gastfreundschaft von Elfriede und Stefanie Wind. Das Interieur – von Mutter und Tochter gestaltet – fällt in Zeiten von coolem Understatement sofort ins Auge: gemusterte Tapeten, hochflorige Teppiche und schwere Tischdecken, kombiniert mit antikem Mobiliar. Der Kaffee dampft in der Sammeltasse mit Goldrand … Wer es sich in der Sofaecke gemütlich gemacht hat, steht so schnell nicht mehr auf. Im Schein von Tiffany-Leuchten und Kristalllüstern werden ländliche Köstlichkeiten gereicht. Auf Vorbestellung startet der Tag mit einem üppigen Frühstück. Der Mittagstisch wartet mit Klassikern auf, wie Rouladen, Kartoffelstampf oder Eintopf in ordentlichen Portionen. Von Hand geschält, gepflückt, geschnippelt: Alles wird in der hauseigenen Küche frisch zubereitet. Fleisch- und Wurstwaren liefert der Metzger aus dem Nachbarort. Die Hühner, deren Eier Torten und üppigen Blechkuchen verfeinern, sind mit Namen bekannt … solch ein Idyll berührt wirklich jeden.

Hier fällt nie ein lautes Wort, und statt Gemecker schallt viel Gelächter durch das große und verwinkelte Ausflugslokal bis in den schattigen Biergarten. Verantwortlich für die angenehme Atmosphäre ist ein Frauenteam, das im adretten Dirndl-Look serviert. Wie gut, dass die Damen Wind neben der guten Küche noch wohnliche Accessoires im Angebot haben. Vom seidigen Schal über dekorative Vasen bis hin zu liebevoll gestalteten Filztaschen findet man hier bestimmt ein Souvenir, das an die schönen Stunden erinnert. Der eine schwingt sich wieder aufs Rad und radelt durch die Weiten des Niederrheins, der andere läuft noch vor zum See und beobachtet die Wasservögel. Schön war´s!

Café Waldsee Traumtorte

Dieses Rezept finden Sie auf der Seite 183

CAFÉ WALDSEE
E friede und Stefanie Wind
Wertherbrucher Straße 16
46499 Hamminkeln
Telefon 028 73 / 911 31
www.cafewaldsee.de

Jagdbitter Likör
40% alc. vol.
100 ml 4,00 €
Jagdbitter Likör
Hasen - glück
- Kräuterlikör auf Riesling - Trester Brand
30% alc. vol.
100 ml 4.00 €
Hasen Glück Kräuterlikör

PROBIEREN ERLAUBT!

Essenzielles für feinen Genuss bietet Castel Olivar

Balsam-Essig mit Aromen von Schokolade, Orange und Zimt? Oder anregender Ingwer auf Olivenöl? Wie köstlich solch aromatische Essige und Öle schmecken – das kann man bei Castel Olivar herausfinden. In großen Gallonen schimmern seltene, von Gundula Czeke ausgewählte Essenzen, die sie in individuellen Mengen – schon ab 40 ml – anbietet. Sie ermuntert ihre Gäste ausdrücklich zu kosten: Die kulinarische Fantasie und die Experimentierfreude am heimischen Herd werden auf diese Weise angeregt. Die freundliche Beraterin in Sachen Feinkost offeriert weitere Spezialitäten. Marmeladen aus einem Manufakturbetrieb in Münster, Honigspezialitäten aus Neuseeland, Brasilien oder Spanien und vieles mehr lassen die Herzen von Naschkatzen höher schlagen. Damit nicht genug. Wer im elegant und hell eingerichteten Laden einmal um die Ecke biegt, steht vor einer Batterie „geistiger" Flüssigkeiten. Eierlikör mit einem Hauch von Orange, Trester aller Art oder Obstbrände – Gundula Czecke hat mit ihrem schicken Kaufmannsladen die perfekte Genussmischung für Sie und Ihn geschaffen. Im Schein des Kaminfeuers nimmt man mit Vorliebe auf dem englischen Sofa Platz und entdeckt in Ruhe seinen Lieblingstrunk. Dazu gehören übrigens auch einige Essige, die solo oder als Spritzer im sommerlichen Prosecco überraschend erfrischen. Gerne gibt Gundula Czecke ein paar Rezepte mit auf den Weg. Einen sommerlichen Salat mit Mozzarella-Kugeln und kernlosen Weintrauben verfeinert sie zum Beispiel mit „Passionsfrucht Aperitif Essig" und „Zitronen auf Oliven". Kein Wunder, dass wohl jeder Castel Olivar irgendwie beschwingt und gut gelaunt verlässt. Weiter geht es in dem malerischen Marienthal, das mit seinen exklusiven Lädchen ein echter Geheimtipp für stilvollen Einkauf ist.

CASTEL OLIVAR
Gundula Czeke
Pastor-Winkelmann-Straße 7
46499 Hamminkeln-Marienthal
Mobil 01 63 / 789 95 00
www.castel-olivar.de

REZEPTE

Stylish: Das Officina residiert in einer ehemaligen Fabrikhalle (l.) – Auch Vegetarien schmeckt die Kürbis-Orangen-Suppe (r.)

RISOTTO PORCINI (STEINPILZ-RISOTTO)

Officina, Seite 124

ZUTATEN FÜR 4 PERSONEN

120 g Steinpilze, je nach Saison auch TK möglich, 20 g Zwiebeln, Olivenöl zum Braten, 100 ml Steinpilzbrühe, 320 g Risottoreis (Arborio), 1 Schuss Weißwein, 200 ml Gemüsebrühe, 40 g Parmesan, gepulvert, 40 g Butter, 10 g Petersilie, fein gehackt, Salz, Pfeffer aus der Mühle

ZUBEREITUNG

Die Steinpilze in Scheiben und die Hälfte der Zwiebeln fein schneiden. Beide Zutaten in einer Pfanne mit etwas Olivenöl anbraten. Steinpilzbrühe aufgießen und mit Salz und Pfeffer würzen. Für den Risottoreis die andere Zwiebelhälfte ebenfalls fein schneiden und in Olivenöl anbraten. Risottoreis hinzugeben und mit Weißwein ablöschen. Die Gemüsebrühe aufgießen und ca. 7 Minuten auf kleiner Flamme kochen lassen, bis der Risotto die gesamte Flüssigkeit aufgenommen hat. Den gekochten Risotto zu den zuvor angebratenen Steinpilzen und Zwiebeln hinzugeben und rühren, bis der Risotto eine cremige Konsistenz hat. Zum Schluss Parmesan und Butter hinzufügen. Kurz vor dem Servieren die Petersilie fein hacken und untermischen.

KÜRBIS-ORANGEN-SUPPE

Buchholzhof, Seite 126

ZUTATEN FÜR 4 PERSONEN

500 g Hokkaido-Kürbis, 250 g Kartoffeln, ½ Knoblauchzehe, 1 TL Olivenöl, 250 ml Gemüsebrühe, 5 g Ingwer, 1 Prise Chili, 1 TL Paprika, Salz, Pfeffer, 1 Vanillestange, 150–250 ml Orangensaft, 5 Tropfen Orangen-Olivenöl, 200 g Crème fraîche

ZUBEREITUNG

Den Hokkaido-Kürbis waschen, teilen, entkernen und würfeln. Die Kartoffeln schälen, waschen und ebenfalls in Würfel schneiden. Den Knoblauch abziehen und die Hälfte in Scheiben schneiden. Olivenöl im Topf erhitzen, den Knoblauch dazugeben und kurz anbraten. Dann Kürbis- und Kartoffelwürfel hinzufügen. Das Gemüse köcheln lassen, bis es weich ist und dann mit der Gemüsebrühe ablöschen. Ingwer und Gewürze – Schärfe nach eigenem Geschmack wählen – dazugeben. Jetzt die Suppe pürieren. Das Mark aus der Vanilleschote kratzen und zur Suppe geben. Zum Schluss Orangensaft und eventuell ein paar Tropfen Orangen-Olivenöl hinzufügen.

ANRICHTEN

Die Suppe auf vier Teller verteilen und mit einem Klecks Crème fraîche dekorieren. Sollte die Suppe zu dickflüssig sein, mit zusätzlicher Gemüsebrühe verdünnen. Ist sie zu dünn geraten, hilft etwas Sahne. Den Geschmack der Suppe kann man variieren, indem man mit Curry würzt oder Kokosmilch statt Orangensaft verwendet

BACHSAIBLING AUF KARTOFFEL-KAROTTEN-STAMPF MIT PETERSILIEN-SCHAUM UND KROSSEM SPECK

Haus Neuling, Seite 128

ZUTATEN FÜR 4 PERSONEN

4 Bachsaiblinge, filetiert, geschuppt und entgrätet, Salz, Zitrone, etwas Mehl, Butterschmalz zum Braten

KARTOFFEL-KAROTTEN-STAMPF:

800 g festkochende Kartoffeln, 500 g Karotten, 2 Äpfel (Cox), Zucker, 1 Zitrone, 50 g Butter, 100 ml Sahne, ¼ kleine Chilischote

PETERSILIENSCHAUM: *30 g Butter, 30 g Mehl, 100 ml Brühe oder Fischfond, 100 ml Sahne, 1 Bund Petersilie*

GARNITUR: *1 dicke festkochende Kartoffel, Butter, 2 Stücke Rote Bete, 4 Scheiben Speck*

ZUBEREITUNG

Für den Kartoffel-Karotten-Stampf die Kartoffeln und Karotten schälen, klein schneiden, mit Salzwasser gar kochen,

Kreationen von Fisch: Bachsaibling auf Kartoffel-Karotten-Stampf (l.) und Heilbuttfilet mit Graupen-Kräuter-Risotto (r.)

abschütten und ausdämpfen. Die Äpfel schälen, entkernen, klein schneiden und in etwas Zuckerwasser mit einem kräftigen Spritzer Zitronensaft weich kochen. Die ¼ Chilischote ganz klein stößeln, dann Kartoffeln, Karotten, Äpfel, Butter und Sahne mischen, mit „Großmutters" Kartoffelstampfer zerdrücken und warm stellen.

Für den Petersilienschaum die zimmerwarme Butter mit Mehl verkneten und kalt stellen. Die Brühe mit der Sahne aufkochen, die fein gehackte Petersilie hinzufügen und alles pürieren. Die kalte Mehl-Butter-Masse in murmelgroße Stücke schneiden und nach und nach in die Sauce rühren. Für die Garnitur aus der großen Kartoffel Kugeln ausstechen, abkochen und in brauner Butter schwenken. Die Rote Bete wird gewaschen, gekocht und dann ebenfalls zu Kugeln ausgestochen. Die Fischfilets salzen und mit Zitrone säuern. In etwas Mehl wälzen und in Butterschmalz von jeder Seite ca. 1 Minute bei mittlerer Hitze goldbraun anbraten (immer zuerst die Seite ohne Haut anbraten!)

ANRICHTEN

Den Kartoffel-Karotten-Stampf in der Tellermitte drapieren und den gebratenen Saibling darauflegen, etwas Petersilienschaum herumgießen. Abwechselnd Kartoffel- und Rote-Bete-Kugeln in die Sauce legen, das Ganze mit einer kross gebratenen Scheibe Speck toppen.

HEILBUTTFILET MIT GRAUPEN-KRÄUTER-RISOTTO, RETTICHCARPACCIO UND KRÄUTER-ESPUMA

Vesttafel, Seite 130

ZUTATEN FÜR 4 PORTIONEN

4 Tranchen von weißem Heilbuttfilet (ohne Haut) à ca. 180 g, 1 EL Olivenöl zum Braten, 300 g weißer Rettich, Limonenöl

KRÄUTER-ESPUMA: *1 Bio-Limette, 1 Schalotte, 50 g Petersilie, 3 kleine Zweige Kerbel, Kresse, 30 g Butter, 200 ml Gemüsebrühe oder -fond, 100 ml Sahne, 1 EL Limettensaft, Salz, Pfeffer*

GRAUPEN-RISOTTO: *1 Schalotte, Olivenöl, 100 g Graupen (geschälte Gerstenkörner), mittelgroß, ein Schuss Weißwein, 200 ml Gemüsebrühe, 100 ml Sahne, 30 g Parmesan, gerieben*

ZUBEREITUNG

Für die Kräuter-Espuma die Limette heiß waschen und abtrocknen. Die Schale abreiben, den Saft auspressen. Eine Schalotte schälen und fein hacken. Petersilie und Kerbel waschen, trocken schütteln und die Blätter fein hacken. Butter erhitzen und Schalottenwürfel darin glasig dünsten. Limettenschale und Kräuter kurz mitdünsten. 200 ml Brühe angießen und 2 bis 3 Minuten köcheln lassen. Den Sud mit dem Pürierstab mixen und durch ein Sieb streichen. 100 ml Sahne und einen Esslöffel Limettensaft hinzufügen und erhitzen. Mit Salz, Pfeffer und Limettensaft abschmecken.

Für den Graupen-Risotto Olivenöl erhitzen und die Würfel der zweiten Schalotte darin glasig dünsten, die Graupen hinzugeben und unter ständigem Rühren noch 1 Minute köcheln. Mit Weißwein und 200 ml Gemüsebrühe ablöschen und 15 Minuten köcheln lassen, bis die Graupen gar sind. 100 ml Sahne, die Hälfte von der Kräuter-Espuma und den geriebenen Parmesan dazugeben und kräftig rühren. Es sollte eine cremige Konsistenz entstehen.

In einer Pfanne einen Esslöffel Olivenöl erhitzen und die Filets bei mittlerer Hitze von beiden Seiten ca. 3 bis 4 Minuten je nach Filetdicke braten. Mit etwas Salz würzen. Zum Schluss den Rettich ca. 5 Minuten in kochendem Wasser blanchieren. Kalt abschrecken und in hauchdünne Scheiben schneiden.

ANRICHTEN

Zunächst 6–7 Scheiben Rettich auf den Teller legen, salzen und mit ein paar Tropfen Limonen- oder Olivenöl beträufeln. Dann den Graupen-Risotto und die Fischfilets auf den Teller geben und zum Abschluss die mit einem Pürierstab schaumig aufgeschlagene Kräuter-Espuma vorsichtig darübergeben.

REZEPTE

Für Naschkatzen der Himmel auf Erden: Schoko-Nougat-Torte (l.) – Mediterran: Fischtopf à la Gallega mit Meersalzkartoffeln (r.)

SCHOKO-NOUGAT-TORTE

Löhken, Seite 132

ZUTATEN

800 g Sahne, 3,5 Tafeln Zartbitterschokolade à 100 g, 6 Eier, 200 g Zucker das Mark einer Vanilleschote, 100 g Mehl, 90 g Speisestärke, 30 g Kakao, 1 TL Backpulver, 300 g Nougat

ZUBEREITUNG

Bereits am Tag vor der Zubereitung der Torte werden die Sahne und 3 Tafeln Schokolade unter Rühren zusammen aufgekocht. Die Masse anschließend in den Kühlschrank stellen.

Die Eier trennen und das Eiweiß steif schlagen. Dabei den Zucker während des Schlagens einrieseln lassen. Anschließend das Eigelb und das Vanillemark hinzufügen, das mit Backpulver gemischte Mehl, Speisestärke und Kakao darübersieben und alles vorsichtig unterheben.

Den Boden einer Springform (Ø 26 cm) mit Backpapier auslegen, den Teig einfüllen und bei 200 °C im vorgeheizten Backofen etwa 30 bis 40 Minuten backen.

Nun die Schokosahne steif schlagen, Nougat würfeln, 16 kleine Stücke zur Dekoration beiseitelegen und die restlichen Nougatwürfel unter die Schokosahne heben.

Den ausgekühlten Biskuitboden zweimal längs durchschneiden. Jeweils ein Viertel der Schokosahne auf den unteren und dem mittleren Boden verteilen und verstreichen. Die Böden übereinander legen, ein Viertel der Schokosahne in einen Spritzbeutel füllen und mit dem restlichen Viertel die Torte gleichmäßig einstreichen.

Nun die Torte mit 16 Sahnetupfen aus dem Spritzbeutel verzieren, auf jeden Tupfen ein Stückchen Nougat setzen, die restliche Schokolade raspeln und die Torte damit garnieren.

FISCHTOPF À LA GALLEGA MIT MEERSALZKARTOFFELN ODER CURCUMAREIS

Zur Alten Post „La Posta", Seite 134

ZUTATEN FÜR 4 PERSONEN

1,2 kg Fischfilet (z.B. Seelachs oder Seeteufel), 12 Grünschalmuscheln, 250 g Tintenfischringe

GEMÜSESAUCE: *2 Gemüsezwiebeln, 2 Paprika, Olivenöl zum Braten, 2 Dosen Tomaten, 1 EL püriertem Knoblauch, 1 TL püriertem Ingwer, Salz und Pfeffer aus der Mühle, 1 Prise Zucker, 4 Lorbeerblätter, 1 EL Tomatenmark, 0,1 l Rotwein*

MEERSALZKARTOFFELN: *1 kg Drillinge, ½ unbehandelte Zitrone, ½ Päckchen Backpulver, Meersalz*

CURCUMA-REIS: *2 Tassen Reis, 4 Tassen Gemüsebrühe, 1 TL Curcuma, Knoblauch, 3 EL Olivenöl*

ZUBEREITUNG

Fischfilets von beiden Seiten anbraten. Zwiebeln und Paprikaschoten in grobe Würfel schneiden und in Olivenöl anschwitzen. Die Dosentomaten über einem Sieb abtropfen lassen, den Tomatensaft zu dem Zwiebel-Paprika-Gemüse geben und alles gar kochen lassen. Mit einem Teelöffel püriertem Ingwer, einem Esslöffel püriertem Knoblauch, Salz, Pfeffer, einer Prise Zucker, den Lorbeerblättern und dem Tomatenmark würzen und den Rotwein angießen. Zum Schluss die Dosentomaten grob würfeln und dazugeben.

Die Fischfilets, Muscheln und Tintenfischringe in eine Auflaufform geben, mit der Gemüsesauce übergießen und im Backofen bei 250 °C ca. 20 Minuten backen.

Dazu passen entweder Meersalzkartoffeln oder Curcumareis: Die Kartoffeln (Drillinge) mit dem Saft einer halben Zitrone und einem halben Päckchen Backpulver in wenig Wasser und reichlich Meersalz gar kochen.

Alternativ für den Curcumareis den Reis mit der Brühe und dem Curcuma kochen und vor dem Servieren den pürierten Knoblauch und das Olivenöl unterrühren.

Himmlisch: Engelshaarnudeln mit Filetspitzen (l.) und eine feine Dorade Royal auf Partonopea-Art (r.)

CAPELLI D'ANGELO DEL BUONGUSTAIO (ENGELSHAARNUDELN MIT FILETSPITZEN)

Costa Azzurra, Seite 138

ZUTATEN FÜR 5 PERSONEN
500 g Capellini Nr. 1 (von Barilla)

FÜR DIE TOMATENSAUCE: *1 mittelgroße Zwiebel, gehackt, 3 EL Olivenöl extra vergine, 1 Lorbeerblatt, auch getrocknet, 1200 g geschälte Tomaten, 10 Blätter frisches Basilikum, Salz und Pfeffer*

FÜR DIE BUONGUSTAIO-SAUCE: *5 mittelgroße Knoblauchzehen, in dünne Scheiben geschnitten, 50 ml gutes Olivenöl extra vergine, 500 g magere Rinderfiletspitzen, in Streifen geschnitten, 50 g Pinienkerne, 1–2 scharfe rote Peperoni, etwa 10–15 cm lang und in Ringe geschnitten, Salz und Pfeffer*

ZUM SERVIEREN: *100 g geriebener Parmigiano Reggiano, 24 Monate gereift*

ZUBEREITUNG

Für die Tomatensauce in einem Topf die gehackte Zwiebel im Olivenöl anbraten, bis sie eine leicht goldene Farbe annimmt. Lorbeerblatt, geschälte Tomaten hineingeben und alles zum Kochen bringen. Basilikum in Streifen schneiden und dazugeben. Sauce bei niedriger Temperatur ca. 10 Minuten köcheln lassen, mit Salz und Pfeffer abschmecken.

Für die Buongustaio-Sauce in einer Pfanne oder Kasserolle die Knoblauchscheiben in Olivenöl leicht goldfarben anbraten. Die Rinderfiletstreifen, Pinienkerne, Peperoni-Ringe hinzufügen und alles kurz anbraten. Die vorbereitete Tomatensauce hinzufügen, zum Kochen bringen, leicht reduzieren lassen und nochmals mit Salz und Pfeffer abschmecken.

ORATA ALLA PARTONOPEA (DORADE ROYAL AUF PARTONOPEA-ART)

Costa Azzurra, Seite 138

ZUTATEN FÜR 5 PERSONEN
5 Mittelmeer-Doraden Royal à 400–500 g, 100 g Mehl zum Wälzen, 5 Knoblauchzehen, 5 Salbeiblätter, 5 halbe Zitronenscheiben, 130 ml Olivenöl extra vergine, 250 ml trockener Weißwein, 800 g Kartoffeln, geschält und in kleine Würfel geschnitten, 5 reife Tomaten, in große Würfel geschnitten, 30 schwarze Oliven, 500 ml Fischbouillon oder Gemüsebouillon, 1 kleines Bund glatte Petersilie, fein gehackt, Salz, Pfeffer

ZUBEREITUNG

Die gesäuberten und entschuppten Doraden Royal abtrocknen, in Mehl wälzen und überschüssiges Mehl abschütteln. Jede einzelne Dorade innen mit Salz und Pfeffer würzen und mit einer leicht zerdrückten Knoblauchzehe, einem Blatt Salbei sowie einer halben Zitronenscheibe füllen. Die Doraden in einer Kasserolle in Olivenöl erst von der einen, dann von der anderen Seite leicht anbraten und mit Weißwein ablöschen.

Die Kartoffeln schälen und in kleine Würfel schneiden, die Tomaten in größere Würfel schneiden, alles zusammen mit den Oliven und dem Fischfond zu den Doraden hinzugeben. Das Ganze zum Kochen bringen und 15 Minuten im vorgeheizten Backofen bei 180 °C garen. Dann die Petersilie hinzugeben und weitere 5 Minuten garen. Vor dem Servieren mit Salz und Pfeffer abschmecken.

REZEPTE

Saftiges Vergnügen: Buttermilch-Stuten mit frischen Bananen (r.) und Frühlingszwiebelbrot mit Tomaten-Pesto-Kruste (r.)

BUTTERMILCH-STUTEN MIT FRISCHEN BANANEN UND BANANENCHIPS

Bäckerei Blankenhaus, Seite 140

ZUTATEN FÜR 4 STUTEN

400 ml Buttermilch, 2 gut gereifte Bananen, 1000 g Weizenmehl Type 550, 400 ml Wasser, 20 g Hefe, 20 g Salz, 300 g Bananenchips

ZUBEREITUNG

Buttermilch in einen Messbecher geben, die Bananen in kleine Stücke teilen und alles zusammen mit einem Mixer oder einem Pürierstab gut aufschäumen.

Mehl, Wasser und Hefe in die Knetschüssel geben, als Letztes das Salz dazu. Im langsamen Knetgang die Zutaten miteinander verarbeiten, die aufgeschäumte Bananenbuttermilch dazugeben und alles zusammen ca. 3 Minuten langsam verkneten. Danach im Schnellgang nochmals rund 6 bis 7 Minuten auskneten. Kurz vor Beendigung der Knetzeit die Bananenchips dazugeben. Die Chips zuvor etwas kleindrücken, sodass sie sich gleichmäßig im Teig verteilen.

Den fertig gekneteten Teig in eine zuvor gemehlte Schüssel geben oder auf einer gemehlten Tischplatte auslegen und mit einem Küchentuch abdecken. Den Teig ca. 20 bis 30 Minuten ruhen lassen und zwischendurch ein- bis zweimal mit den Händen „rund wirken“.

Anschließend wird der Teig in vier gleiche Teile geteilt und zu ovalen Stuten geformt. Diese auf die abermals gut gemehlte Tischplatte legen, abdecken und backofenfertig angehen lassen. Nach etwa 25 Minuten Teigruhe den Stuten mit der gemehlten Unterseite nach oben auf das Backblech legen, mit etwas gesiebtem Weizenmehl „bestauben“ und in den auf ca. 230 °C vorgeheizten Backofen geben. Beim Vorheizen des Ofens etwas Wasser in ein tiefes Backblech geben.

Nach dem „Schieben“ die Temperatur auf 210 °C reduzieren und den Stuten ca. 35 Minuten goldgelb ausbacken.

FRISCHES FRÜHLINGS-ZWIEBELBROT MIT TOMATEN-PESTO-KRUSTE

Bäckerei Blankenhaus, Seite 140

ZUTATEN FÜR 2 BROTE

300 ml Wasser, 20 g Hefe,
500 g Weizenmehl Type 550,
10 g Zucker, 10 g Salz, 120 g frische Frühlingszwiebeln

FÜR DIE KRUSTE:

10 g gehacktes Basilikum,
200 ml Tomatensaft, 5 g Hefe,
125 g Roggenmehl

ZUBEREITUNG

Zunächst Wasser und Hefe in die Knetschüssel geben, dann Mehl, Zucker und Salz dazugeben. Alles zusammen erst 4 Minuten im langsamen Knetgang verarbeiten, dann nochmals 4 Minuten im schnellen Knetgang auskneten. In den letzten Minuten des Schnellgangs die in Rollen geschnittenen Frühlingszwiebeln hinzufügen und mitkneten.

Nach dem Kneten den Teig auf einer bemehlten Arbeitsplatte mit einem Leinentuch abdecken und ca. 30 bis 40 Minuten ruhen lassen. Zwischendurch immer mal wieder den Teig „rund wirken“. Nach der Ruhezeit den Teig halbieren, ellipsenartig (länglich mit zwei spitzen Enden) formen und ohne Backform auf ein Backblech mit Backpapier legen.

Die Zutaten für die Tomatenkruste miteinander vermischen und mit dem Pinsel dick auf die Brote streichen. Erneut 30 Minuten ruhen lassen und anschließend in den (mit zusätzlicher Fettpfanne) auf 220 °C vorgeheizten Backofen schieben. Dabei etwas Wasser auf die heiße Fettpfanne spritzen, um Dampf zu erzeugen, und den Ofen schnell schließen, damit der Dampf nicht entweichen kann. Die Backzeit beträgt 35 bis 40 Minuten. Je nach Farbe der Kruste den Ofen eventuell nach 15 Minuten auf 200–210 °C herunterstellen.

Or ginelles Bronze-Trio: Hinter der Philharmonie Essen ziehen „Ganz Große Geister" des Bildhauers Thomas Schütte die Blicke auf sich

Warum nach Bayern? Auch im Ruhrgebiet ist Bier seit Jahrhunderten ein heiß begehrtes „Grundnahrungsmittel"

NA DANN, PROST!

„Das Beste am Wein ist das Pils danach“, sagt man im Ruhrgebiet

Im Jahr 1293 verlieh König Adolf von Nassau den Dortmunder Bürgern das Bierbraurecht. Das war alles andere als Luxus – galt Bier zur damaligen Zeit doch als Grundnahrungsmittel. Und um Pfusch am Grundnahrungsmittel vorzubeugen, wurde am 23. April 1516 das deutsche Reinheitsgebot proklamiert: Hierin wurde amtlich festgehalten, was tatsächlich ins Bier gehört – nämlich nichts als Wasser, Hopfen und Gerste. Die Hefe wurde erst später hinzugefügt. Noch im Spätmittelalter war das Bierbrauen ein rein städtisches Privileg. Im 18. Jahrhundert vollzog sich ein Strukturwandel zugunsten vieler kleiner Landbrauereien, die vor allem für das lokale Umfeld produzierten. Mit der fortschreitenden Industrialisierung des Ruhrgebiets im 19. Jahrhundert stieg mit der wachsenden Bevölkerung auch der Bedarf an Bier. Dort wo Zechen und Stahlwerke entstanden, wurden auch Brauereien gegründet. Der hefeschwangere Geruch frisch gebrauten Biers gehörte ebenso zum Alltag wie die dicken grauen Wolken, die die Industrieschornsteine unverdrossen in die Luft pusteten. Jede Stadt im Revier hatte ihr eigenes Bier: Neben vielen kleinen Brauereien waren „König“ in Duisburg, „Stauder“ in Essen, „Fiege“ in Bochum und „Union“ in Dortmund die größten Produzenten des Traditionsgetränks. Aus den einstigen familieneigenen Manufakturen wurden hochtechnisierte Industriebetriebe, in denen nach dem Reinheitsgebot von 1516 ausschließlich mit Wasser, Hopfen und Gerstenmalz gebraut wurde. Moderne Kühltechnik förderte den Siegeszug des untergärigen hellen Biers. Eine neue Rechtsform wurde populär: die Aktienbrauerei, die eine der wichtigsten Säulen und Wachstumsträger der Ernährungs- und Genussmittelindustrie im Ruhrgebiet werden sollte.

Von der völligen Zerstörung der Industriebetriebe im Ruhrgebiet während des Zweiten Weltkriegs waren auch die meisten Brauereien betroffen. Aber mit dem Wiederaufbau der Zechen und Stahlwerke und den steigenden Bevölkerungszahlen - durch Zuwanderung ins Ruhrgebiet in den 1950er- und 60er-Jahren – stieg auch die Nachfrage nach Bier wieder. Das

Brauereiwesen im Revier erlebte einen neuen Höhepunkt. Erst in den 70er-Jahren, als die ersten Zechen geschlossen wurden, setzte ein Schrumpfungs- und Konzentrationsprozess der Branche ein. Kleinere Betriebe wie die Traditionsbrauerei Hülsmann in Wanne-Eickel, deren ehemaliges Sudhaus am Eickeler Markt heute ein Bürgerzentrum beherbergt, oder die Brauerei von Carl Bremer in Essen, der bereits in den 50er-Jahren eine Brauerei mit angeschlossenem Gasthaus betrieb, mussten schließen. In Dortmund, lange der größte Brauereistandort des Ruhrgebiets, wurden im Jahr 2000 insgesamt 34 verschiedene Biere von nur noch zwei Brauereien gebraut. Nur eine der beiden existierte auch im Jahr 2012 noch: die Dortmunder Actien-Brauerei (DAB), auf deren Gelände sich seit 2006 auch das Dortmunder Brauerei Museum befindet, das sich der langen und erfolgreichen Brauereigeschichte der größten Stadt im Ruhrgebiet widmet.

Doch dem Brauereisterben wird getrotzt: Die Frage nach dem persönlichen Favoriten unter den Brauereien wird heute in der Region ebenso emotional diskutiert wie die nach dem favorisierten Fußballverein. Und tatsächlich: Das Brauereiwesen wird gerade von jungen Brauern wiederentdeckt. Zahlreiche kleinere Betriebe brauen inzwischen wieder eigene schmackhafte Biere und betreiben eine dazugehörige Gastronomie mit zumeist deftiger Küche. Noch immer ist das Brauereiwesen eng mit der Geschichte der Region verbunden. Eindrucksvollstes Beispiel dafür ist vielleicht die Geschichte der Dortmunder Marke „Bergmann". Sie beginnt damit, dass ein selbstständiger Mikrobiologe 2005 über die Traditionsmarke stolperte, die zu diesem Zeitpunkt ohne Eigentümer war. Aus purer Nostalgie erwarb er sie für wenige 100 Euro. Allerdings musste er die Marke nutzen, da sonst das Markenrecht verfallen wäre. So ließ der neue Inhaber 6000 Liter Exportbier brauen – und stieß auf Begeisterung. Bereits ein Jahr später gründete er mit einem Partner eine GmbH und erweckte Bergmann-Bier, das von 1796 bis 1972 so manche durstige Arbeiterkehle erfrischt hatte, zu neuem Leben. Aktiv unterstützt wurde die Wiederbelebung auch von der Stadt: Sie vermietete den Gründern zu günstigen Konditionen einen Kiosk, der liebevoll renoviert wurde. Schließlich entstand eine eigene Brauerei in leer stehenden Lagerhallen im Dortmunder Hafen. Auf echten Lokalpatriotismus zu setzen, erwies sich als goldrichtig: Heute werden dort über 200 000 Liter Bier gebraut, und weit über 100 Dortmunder Händler und Gastronomen führen inzwischen das neue alte Bergmann.

Jenseits von Bergmann gibt es noch weitere Beispiele in der Region: So knüpft das Walsumer Brauhaus Urfels in Duisburg an die Brauereikunst des Johanniter-Ordens am Niederrhein an. In der Lindenbrauerei in Unna wurde 1976 die über 100-jährige Lindenbierproduktion eingestellt und 2002 wieder aufgenommen. Ausgeschenkt wird das Bier ausschließlich in der Gastronomie des heutigen Kulturzentrums Lindenbrauerei. Erlebnisgastronomie und Kulturveranstaltungen vereint auch die Recklinghäuser Hausbrauerei Boente, die 1988 in einer ehemaligen Kornbrennerei eröffnet wurde. Abschließend sei noch die Hausbrauerei Tauffenbach in Bochum genannt, die seit 1990 Bier und Korn für die auf eine über 600 Jahre alte Geschichte zurückblickende Traditionsgastronomie Tauffenbach produziert.

Qualität setzt sich durch: Die Dortmunder Traditionsmarke „Bergmann“ wurde in den letzten Jahren erfolgreich wiederbelebt

Setz dir ein
HOPFENGARTEN ROCKT ZIEMLICH!
Vendetta Rules
Der Ruhrpott

KULTVERDÄCHTIG

Der Hopfengarten schafft den Spagat zwischen Eckkneipe und kreativer Küche

Filet vom Landschwein im Speckmantel
mit Bohnen, Birnen und Süßkartoffeln
Dieses Rezept finden Sie auf der Seite 184

Ruhrpott Cuisine“, antworten Inhaber Mirko Wuttig und Küchenchef Stefan Hofmann auf die Frage, wie sie die Küche des Restaurants Hopfengarten beschreiben würden. Und richtig: In der urigen Bierstube, dem modernen Restaurant und dem stimmungsvollen Biergarten werden westfälisch-rustikale Kleinigkeiten ebenso serviert wie hochwertige Genießermenüs in vier Gängen. Mittags lockt die Bierstube mit deftiger Hausmannskost und regionaltypischen Kleinigkeiten. Dann stehen Königsberger Klopse, hausgemachte Sülze oder Currywurst mit Sauce der Eigenmarke Pottcurry auf der Karte. Im Restaurant dagegen überzeugen ausgefallene Gerichte, bei denen lokale Produkte geschickt mit mediterranen oder asiatischen Einflüssen kombiniert werden. Das Ergebnis ist eine abwechslungsreiche Frischeküche mit überraschenden Geschmackserlebnissen. Lachsfilet mit Balsamico-Linsen gehört ebenso zu den Favoriten wie Rinderfilet mit Kartoffel-Wasabi-Gratin und Wok-Gemüse. Regelrechte Sogwirkung bescheinigt das Hopfengarten-Team dem sogenannten Premium-Cheeseburger vom Irish Nature Rind, der mit Süßkartoffelchips, selbst gemachtem Ketchup und Bärlauch-Mayonnaise serviert wird.

Über das kulinarische Miteinander von traditioneller und kreativer Küche hinaus gelingt dem jungen Inhaber, der das Lokal erst vor fünf Jahren übernommen hat, ein weiterer Spagat: In seinen Räumen fühlen sich Menschen jeden Alters und unterschiedlicher Herkunft wohl: der Theken-Knobler, der auf ein frisches Pils in die Bierstube kommt, ebenso wie junge Gäste oder der Uniprofessor, der sich mit Kollegen zum mehrgängigen Menü trifft. Echten Kultcharakter haben die Events, die Mirko Wuttig regelmäßig veranstaltet. Von der TV-Bundesligakonferenz mit Currywurst-Buffet über Bingo-Abende, gemütliche Treffen bei Käsekuchen und Filterkaffee bis zum Discokegeln auf der eigenen Kegelbahn.

RESTAURANT HOPFENGARTEN
Inhaber: Mirko Wuttig
Küchenchef: Stefan Hofmann
Hattinger Straße 237
44795 Bochum
Telefon 02 34 / 43 10 09
www.hopfengarten-bochum.de

ECHT ABGEFAHREN

Großer Bahnhof für stilvolle Erlebnisgastronomie

Nicht nur für Lokomotivführer ein Ziel: Im Lukas machen alle gern Station. Der Bahnhof – einst stillgelegt und inzwischen denkmalgeschützt – führt seit 1999 den Zusatz „kulinarisch" im Namen und bietet mehr als exzellente Küche. Mit viel Liebe zum Detail hat Inhaber André Krämer die Backsteinarchitektur im Stil des Art nouveau erfrischt – sehr authentisch und ganz unaufdringlich. Ein wunderbar weitläufiges Ambiente für unterschiedliche Genussreisen. Den ehemaligen Wartesaal der 3. und 4. Klasse hat der innovative Gastronom in den „Gelben Saal" verwandelt und serviert hier täglich ein üppiges Frühstücksbuffet, für das man den Preis eines Spartickets bezahlt. Wo Reisende der 1. und 2. Klasse früher auf die Abfahrt warteten, wird im heutigen „Roten Saal" junge, internationale Küche mit reviertypischen Einflüssen serviert, die übrigens ausschließlich Biofleisch verwendet. Die quadratische Halle ist jetzt Szenelokal und empfängt mit erfrischend deftiger Küche, die leicht mediterrane Noten aufweist. Durch Flügeltüren verbunden, ergibt sich ein extravagantes Ensemble: ideal für private und geschäftliche Feiern aller Art und inzwischen auch beliebte Kulisse für manche Fernsehproduktion.

Der Außenbereich lockt mit angenehmer Biergartenstimmung sowie dem regelmäßig präsentierten Open-Air-Kino und ist, nicht zuletzt auch dank eines kleinen Spielplatzes, beliebter Treffpunkt für Jung und Alt. Aber auch sonst überzeugt das Lukas mit einem kulturellen Fahrplan, der ankommt: Von Musical bis Kabarett ist für beste Unterhaltung gesorgt. Und André Krämer bleibt auf der Erfolgsspur: Nebenan hat er „Die Garage" eröffnet, wo man mit Blick auf schnieke Oldtimer – die Passion des „Bahnhofvorstehers" – bei Barbecue und Bierchen mal einen Gang herunterschalten kann.

Lukas Sauerbratensuppe

Dieses Rezept finden Sie auf der Seite 184

LUKAS – KULINARISCHER BAHNHOF
Inhaber: André Krämer
Prinz-Friedrich-Platz 1
45257 Essen-Kupferdreh
Telefon 02 01 / 84 83 53
www.lukas-essen.de

ALLES ZU SEINER ZEIT

Wild aus eigener Jagd, Pilze von nebenan und ein sensationelles Fischbuffet

Mitten im Ortskern des Halterner Stadtteils Lippramsdorf steht das Haus Teltrop. Unten gemütliches Restaurant, oben Hotel, hinter dem Haus eine neu angelegte Gartenterrasse, Räumlichkeiten für alle großen und kleinen Anlässe. In dritter Generation führen Marianne und Ulrich Teltrop das Haus, das von Stammgästen aus der Umgebung ebenso gerne besucht wird wie von Geschäftsreisenden und Ausflüglern. Gerade für Letztere ist Ulrich Teltrops abwechslungsreiche und gehobene Küche ein hervorragender Tipp: Das Restaurant liegt nicht nur in unmittelbarer Nähe des Naturschutzgebiets Hohe Mark, die Gerichte aus Teltrops Küche machen nach einer ausgedehnten Tour auch satt! Bekannt ist das Restaurant unter anderem für seine ausgezeichneten Wildgerichte. Chefkoch Ulrich Teltrop weiß genau, was er auf den Teller bringt, stammt das Fleisch doch teils aus der eigenen Jagd. Die Pilze bezieht er vom nahegelegenen Pilzhof, Spargel und Erdbeeren von Bauern aus der Region. Gekocht wird hier nach dem Motto „alles zu seiner Zeit“: Alle sechs bis acht Wochen wechselt die saisonale Speisenkarte, die nicht nur Freunde bodenständiger Kost glücklich macht, sondern auch anspruchsvollen Gaumen schmeichelt, beispielsweise mit leichter, mediterraner Küche. Oftmals bereits wochenlang im Voraus ausgebucht sind die mehrtägigen kulinarischen Veranstaltungen, die weit über Halterns Grenzen hinaus von sich Reden machen: Ob BBQ auf der Terrasse oder umfangreiche Wild- und Fischbuffets: Die jeweils einmal jährlich stattfindenden Kulinarik-Events ermöglichen es den Gästen, mal etwas ganz anderes zu probieren, und Ulrich Teltrop und seinem Team, ihr ganzes kreatives Können zu demonstrieren. Nachhaltig eindrucksvoll sind auch die Steaks im Haus Teltrop: Besondere Fleischsorten wie beispielsweise vom irischen Donald-Russel-Rind, australisches Angus-Filet oder Rib-Eye-Steaks aus Texas machen hier den Unterschied. Aber auch die findet man, wie könnte es anders sein, nicht immer auf der Karte. Alles zu seiner Zeit eben!

Wildschweinrücken unter Pumpernickelkruste

Dieses Rezept finden Sie auf der Seite 184

HOTEL HAUS TELTROP
Marianne und Ulrich Teltrop
Dorstener Straße 649
45721 Haltern am See
Telefon 023 60 / 999 20
www.haus-teltrop.de

Lecka
Dortmund

BÜRGERLICH, EHRLICH, GUT!

Seit über 300 Jahren ist das Gasthaus Overkamp im Familienbesitz

Von der Schmiede über einen Lebensmittelhandel zur Gastronomie – so ließe sich die Chronik vom Gasthaus Overkamp in der extremen Kurzversion erzählen. Fest steht: Seit 60 Jahren wird auf Dortmunds „Höchstem" gute und authentische Küche serviert, die „nach Heimat schmeckt", wie begeisterte Gäste behaupten. Tradition und Heimat sind hier keine Modebegriffe, sondern gehören zum Konzept: Familie Overkamp und ihre Teams aus Küche und Service verstehen es als Herausforderung, das kulinarische Erbe der Region zu pflegen und ihren Gästen heimische Vielfalt in bester Qualität zu bieten. Dazu gehören nicht nur regionale Küchenklassiker wie Pfefferpotthast, Hackbraten oder Rumpsteak mit Senf-Zwiebel-Mus, sondern auch die Zusammenarbeit mit Lieferanten aus der unmittelbaren Umgebung. „Kulinarische Qualität bedeutet auch zu wissen, woher die Produkte kommen", bringt Juniorchef Günther Overkamp-Klein die Kooperation mit regionalen Kartoffelbauern, Fisch- und Geflügelhöfen oder Kornbrennereien auf den Punkt. Fangfrischen Fisch bezieht Overkamp zum Beispiel aus Wickede, Landhähnchen und Käsespezialitäten aus Fröndenberg und Spargel aus dem Delbrücker Land. Dass sich hinter der westfälischen Küche durchaus raffinierte Speisen verbergen, beweisen die leicht modifizierten Gerichte, die jedoch niemals ihre Herkunft verleugnen. In den behaglichen Räumlichkeiten des Restaurants und des urigen Schankraums können sich die Gäste von den schmackhaften Ergebnissen überzeugen. Das alte Gebäude, das durch einen lichtdurchfluteten Anbau erweitert wurde, bietet jede Menge Platz. Dass hier gerne Familien- und Firmenfeste gefeiert und regelmäßige Innungs- und Clubtreffen stattfinden, spricht für sich. Und auch was die Getränkeauswahl angeht, setzt Overkamp auf Heimatgefühle: Deutsche Weine begleiten die westfälische Küche und mit Stiftsbier und Hövels finden sich regionale Biere im Ausschank.

Gummersbacher Schafskäse auf Tomatenragout
Dieses Rezept finden Sie auf der Seite 185

OVERKAMP GASTRONOMIE
Geschäftsführer: Bianca Overkamp
und Günther Overkamp-Klein
Am Ellberg 1
44265 Dortmund
Telefon 02 31 / 46 27 36
www.overkamp-gastro.de

Cidre
DE NORMANDIE
Hausgemachte Nudeln
Roastbeef mit Tatarensauce,
Bratkartoffeln u. Kleinem
Salatbouquet

TRADITIONELLE FRISCHE

Zutaten aus eigenem Anbau und ausgesuchte Tropfen

Kaffee-Kardamon-Mascarpone-Quartett

Dieses Rezept finden Sie auf der Seite 186

Seit über 100 Jahren werden bei Habbel`s in Sprockhövel traditionell Gäste bewirtet. Während im Gründungsjahr 1878 hauptsächlich Nachbarn und vorbeikommende Kutscher zu den Kunden zählten, entwickelte sich die Gaststätte in den frühen 1950er-Jahren zum beliebten Ausflugsziel der umliegenden Städte.

Heute ist das durch einen puristischen Glasanbau erweiterte Restaurant ein modernes Haus mit traditionellem Ambiente. Geblieben ist die Philosophie der Frische: Noch immer werden die Rohstoffe auf hauseigenem Land angebaut oder frisch eingekauft. Neu dagegen ist die Interpretation der Zutaten. Klassische deutsche Gerichte stehen gleichberechtigt neben mediterranen oder asiatisch inspirierten Speisen. Regelmäßig begeistert das Küchenteam seine Gäste mit innovativen Kreationen. Besonders beliebt: das wechselnde Drei- bis Sechs-Gänge-Menü, das nicht nur verwöhnte Gaumen erfreut, sondern auch schon zu durchaus moderaten Preisen zu haben ist.

Und noch etwas macht einen Besuch bei Habbel`s zu einem besonderen Erlebnis: Die an das Restaurant angeschlossene Destillerie & Brennerei mit Weinimport liefert passend zu den Gerichten nur allerfeinste Tropfen. Die umfangreiche und mehrfach mit ersten Preisen ausgezeichnete Weinkarte sprengt sämtliche Rahmen – Gäste haben die Wahl zwischen mehr als 1000 Weinen inklusive der Raritäten. Nach den kulinarischen Genüssen lädt die Havanna-Lounge zu einem Drink inklusive Zigarre oder Zigarette ein. Vielfalt auch hier: Die Destillerie & Brennerei Habbel`s zählt zu den 100 bestsortierten Whisky-Shops Deutschlands und kann zudem Deutschlands ältesten Whisky vorweisen; ausgezeichnet durch den Whisky-Botschafter 2011.

RESTAURANT HABBEL'S
BISTRO MANUFACTUR
Cornelia Jellinghaus-Habbel
Küchenchef: Alessio Conforto
Gevelsberger Straße 127
45549 Sprockhövel
Telefon 023 39 / 91 43 12
www.habbel-restaurant.de

früh
ERDINGER

GANZ EHRLICH

David Reeb kocht, was schmeckt

Pilzpfanne mit Rösti

Dieses Rezept finden Sie auf der Seite 186

Im Internet findet man heute alles: nicht nur schicke Socken und einfühlsame Ratschläge für alle erdenklichen Lebenslagen, sondern auch den Lieferservice für Lebensmittel und komplette Menüs. Schön und gut, aber solch ein Angebot ist nichts für Freunde der wahren Geselligkeit, für Menschen, die mit allen Sinnen genießen. Die lieben einen echten Einkaufsbummel oder einen aufregenden Kinobesuch und kehren anschließend bei David´s Rathskeller ein. Mitten in Gevelsberg treffen sich Jung und Alt in gemütlicher Runde – buchstäblich, denn Tische und Bänke sind rund um die zentrale Theke angeordnet. Wer ein Plätzchen gefunden hat, vertieft sich in die reichhaltige Karte oder lässt sich vom freundlichen Serviceteam die Tagesempfehlungen nennen.

Bodenständig, verlässlich und doch erfrischend kommen die Gerichte von Küchenchef David Reeb daher. Deutsche Küche interpretiert er modern „mit einem Schuss Brauhaus-Flair". So annonciert der gebürtige Lothringer seine deftige Gulaschsuppe mit dem Hinweis „ordentlich Einlage und Roggenbrot". Zur Metzger Sülze gibt es aromatische Bratkartoffeln und feine Remouladensauce. Der westfälische Sauerbraten wird von Kartoffelklößen und Apfelrotkohl begleitet. Würden nicht auch Königsberger Klopse oder eine Portion Pasta locken: Man fühlte sich mitten in Gevelsberg in eine kölsche Kneipe versetzt. Das passende Obergärige gibt es jedenfalls vom Fass ... Langeweile lässt Reeb im Übrigen niemals aufkommen, so serviert er saisonal zum Beispiel auch Spargel oder Muscheln. Die durchweg kundenfreundlichen Preise machen regelmäßige Besuche der gemütlichen Gaststätte möglich, und im Sommer ist ein Platz an der Sonne vor dem Restaurant garantiert. So kann man David´s Rathskeller mit Fug und Recht die gute Stube von Gevelsberg nennen.

DAVID´S RATHSKELLER
Küchenchef: David Reeb
Mittelstraße 55
58285 Gevelsberg
Telefon 023 32 / 509 68 66
www.davids-rathskeller.de

Kutscherecke

WO DAS KOMPOTT NOCH SO HEISST

Im Restaurant von Dirk Eggers lässt es sich vorzüglich westfälisch genießen

Sein Motto lautet: „Auf gut Deutsch" – und sein Angebot entspricht dem in allen Belangen: Im Restaurant Eggers findet der Gast kein Chutney auf der Karte, sondern Kompott. Der Rucola heißt hier ganz klassisch Rauke, und die Gnocchi kommen schlicht und ergreifend als Kartoffelnudeln daher. Und dennoch: Trotz aller Bodenständigkeit ist Dirk Eggers` Küche raffiniert – zubereitet aus besten Produkten, die der gelernte Koch von Höfen und Betrieben aus der Region bezieht, und gleichzeitig inspiriert durch internationale Einflüsse. Von ihm zubereitetes Sprockhöveler Rindfleisch, Sauerländer Wild, Spargel aus dem Münsterland und Käse aus deutschen Käsereien ziehen längst auch auswärtige Gäste an.

Erst 26 beziehungsweise 23 Jahre jung waren Dirk und Heidi Eggers, als sie 1997 das mit klassischen Schieferschindeln verkleidete Haus im Zentrum von Niedersprockhövel übernahmen. Ihrer mit einem Bib Gourmand des Guide Michelin ausgezeichneten Küche einerseits und ihrer authentischen Art andererseits ist es zu verdanken, dass ihr Restaurant inzwischen in der Kategorie Spitzengastronomie rangiert. Neben seiner normalen, saisonal wechselnden Speisenkarte lässt sich der leidenschaftliche Gastronom, der zugleich Mitglied des Vereins „Westfälisch genießen" ist, stets etwas Neues einfallen. So gibt es jeden Sonntag ein „5-Gänge-Muffet" – die clevere Kombination aus Menü und Buffet, bei der alle Speisen bis auf den Hauptgang am Tisch serviert werden. Ein weiteres Highlight ist der „Hobbyraum": Hier werden regelmäßig Kochkurse und Küchenfeste veranstaltet. Mal sind es bis zu 20 Hobbyköche, die gemeinsam mit Dirk Eggers an dem schönen alten Molteni-Herd stehen und wissbegierig den Tipps und Tricks vom Profi lauschen. Mal sind es Betriebsfeiern, Familienfeste oder Clubtreffen, denen das einmalige Ambiente des Hobbyraums das gewisse Extra verleiht. Und das Beste: Wer nach einem genussvollen Abend den Rückweg scheut, kann bleiben. 15 frisch renovierte Hotelzimmer bieten allen Komfort.

Links: Hirschkalbsrücken mit Spitzkohl im Strudelsack
Dieses Rezept finden Sie auf der Seite 186/187

HOTEL & RESTAURANT EGGERS GMBH
Inhaber: Dirk und Heidi Eggers
Hauptstraße 78
45549 Sprockhövel
Telefon 0 23 24 / 71780
www.hotel-restaurant-eggers.de

FILMREIF!

Leinwand frei für eine moderne mediterrane Küche in lässig-gemütlicher Atmosphäre

Lammkarree mit Dicken weißen Bohnen
und geschmorten Cherrytomaten
Dieses Rezept finden Sie auf der Seite 187

Mitten in der Essener Fußgängerzone, direkt neben dem Domplatz und unmittelbar angrenzend an die Lichtburg, Deutschlands größten Kinosaal, liegt das Mezzo Mezzo. Moderne griechisch-italienisch-mediterrane Spezialitäten stehen auf der Speisenkarte des atmosphärisch stimmigen, von Familie Gouziotis geführten Restaurants. Täglich frisch zubereitete Antipasti gehören hier ebenso zu den Stars wie schnelle Kleinigkeiten für die Mittagspause, Pizza, Pasta und abwechslungsreiche Fleisch- und Fischgerichte. Dazu gibt es täglich variierende Speisen, die auf Extra-Tafeln angezeigt werden. „Für jeden Hunger das Richtige", lautet das Motto des Mezzo Mezzo. Die Arbeit in der für die Gäste vollständig einsehbaren Küche erledigen der sympathische, junge Inhaber Georgios Gouziotis, seine Mutter Giannitsa und ein Team aus sieben Köchen und Helfern gemeinsam: Für den À-la-carte-Bereich ist die Mutter zuständig, der Sohn für den Catering- und Eventbereich. Auch die Weinkarte des Mezzo Mezzo liest sich wie eine Genussreise durch den Süden: Pinot Grigio und Chianti aus Italien, Retsina und Imiglikos aus Griechenland, der Heimat der Familie Gouziotis, Tempranillo aus Spanien und dazu Weine aus Deutschland, Kalifornien und Südafrika. Woher das Mezzo Mezzo seinen Namen hat? Weil es jeweils zwei gegensätzlich scheinende Hälften so verbindet, dass sie gemeinsam ein perfektes Ganzes ergeben. Trendige Location und gemütliches Ambiente, Restaurant und Café, loungige Galerie und eine schöne Außenterrasse im Schatten des Essener Doms. Übrigens ist es durchaus möglich, hier dem einen oder anderen Kinostar zu begegnen. Jessica Schwarz, Matthias Schweighöfer, Axel Milberg und viele andere haben hier schon gegessen. Und wenn nebenan Filmpremieren gefeiert werden, liefert die Küche des Mezzo Mezzo das kulinarische Catering für Schauspieler und Gäste – kein Wunder: Weder Menüs noch Fingerfood oder Flying Buffets für große Personenzahlen stellen für das Mezzo-Mezzo-Team ein Problem dar.

MEZZO MEZZO
Georgios Gouziotis
Kettwiger Straße 36
45127 Essen
Telefon 02 01 / 22 52 65
www.mezzomezzo.de

GUT VERSTECKT

Genießer finden in Pfeiffer`s Sythener Flora eine gehobene gutbürgerliche Küche

Idyllisch ist es hier: Der Mühlenbach lässt sein monotones Plätschern hören, die Wassermühle und das Torhaus von Schloss Sythen blitzen durchs Laub, und ansonsten gibt es Wiesen, so weit das Auge reicht. Ausflügler, Wanderer und Fahrradfahrer kennen die Region. Einheimische sowieso. Sie alle legen mit größtem Vergnügen entweder eine Rast in dem etwas versteckt gelegenen Restaurant, Café und Hotel von Matthias und Monika Pfeiffer ein oder feiern hier gern ihre Familienfeste. Kulinarisch verwöhnt von regionalen Gerichten, für die Küchenchef Matthias Pfeiffer persönlich verantwortlich ist. Neben deftigen Eintöpfen und klassischen Fisch-, Fleisch- und Wildgerichten – „wir zerlegen noch selbst!" – bietet seine Küche auch Gerichte für gehobene Ansprüche. Frisch zubereiteten Hummer beispielsweise oder mehrgängige Menüs, bei denen die Wahl zwischen rosa gebratenem Hirschrücken und Zander auf Lauchpüree nicht ganz leicht fällt. Darüber hinaus wird das Angebot durch Aktionswochen ergänzt. Im Herbst stehen Literatur-Menüs auf dem Programm oder Heidschnuckentage mit Fleisch von Jungtieren aus der Westruper Heide. Auch für die zweimal jährlich stattfindenden Fischwochen und das dreitägige Open-Air-Grillfest, das regelmäßig die Sommerferien einläutet, ist Pfeiffer`s Sythener Flora bekannt. Abgerundet wird das kulinarische Angebot durch ausgesuchte Weine, gepflegte Biere und einen zuvorkommenden Service. Für überregionale Bekannt- und Beliebtheit aber sorgt ein ganz besonderes Angebot: Die hausgemachten Pfeifferschen Torten sind Eingeweihten eine Reise wert! Sonntags stehen bis zu 15 verschiedene Torten zur Wahl, ebenfalls allesamt mit viel Kreativität und Liebe frisch zubereitet vom Matthias Pfeiffer und seinem Küchenteam. Übrigens: Der ungewöhnliche Namen des Restaurants, das sich seit 1851 in Familienbesitz befindet und heute in fünfter Generation geführt wird, bezieht sich auf einen ehemaligen Park: Matthias Pfeiffer, der Großvater des heutigen Inhabers, hatte die reich bepflanzte Sythener Flora in unmittelbarer Nähe des Hauses vor rund 150 Jahren angelegt.

Entenbrust in Rotwein-Honig

Dieses Rezept finden Sie auf der Seite 188

PFEIFFER`S SYTHENER FLORA
Matthias Pfeiffer
Am Wehr 71
45721 Haltern am See – Sythen
Telefon 023 64 / 96 22-0
www.hotel-pfeiffer.de

NONINO
GRAPPA
GRAPPA

BUON APPETITO IN HERNE

Seit 25 Jahren isst man bei Albino Freda traditionell italienisch

Risotto mit Hummer und grünem Spargel

Dieses Rezept finden Sie auf der Seite 189

Nur wenige Meter von der Stadtgrenze zwischen Herne und Bochum entfernt liegt ein kulinarisches Stück Italien: Seit 1988 führt der aus Salerno/Kampanien stammende Albino Freda hier sein Ristorante Italiano. Und auch wenn das Ambiente und die Optik des Interieurs noch ein wenig an die Gründungsjahre des Restaurants erinnern – und der Namenszusatz „Ömmes Hof" ein Relikt aus der Zeit des Vorbesitzers ist –, so macht die mediterrane Küche Albino Fredas Heimatland alle Ehre. Ausschließlich original italienische Gerichte werden den Gästen hier serviert. Die Speisenkarte startet mit klassischen Antipasti wie Büffelmozzarella mit Tomaten und Basilikum, Vitello Tonnato, Weinbergschnecken oder Rinder-Carpaccio mit Rucola. Darüber hinaus bilden Suppen und Salate eine große Bandbreite an leichten Vorspeisen. Neben diversen Pizza- und exzellenten Pasta-Varianten stehen bei den Hauptgerichten typisch italienische Fleisch- und Fischspezialitäten zur Auswahl. Von Saltimbocca alla Romana bis zum gegrillten Wolfsbarsch – im Ristorante Italiano werden alle Fleisch-, Fisch-, Nudel-, Risottogerichte oder Pizzen stets frisch zubereitet. Und zwar überwiegend aus Zutaten italienischer Herkunft und stets in bester Frischequalität. Vier bis acht täglich wechselnde, saisonale Zusatzgerichte – beispielsweise Orecchiette mit Salsiccia und frischen Pfifferlingen, Spargelrisotto oder echt italienische Kaninchenkeule – ergänzen das Angebot. Zum krönenden Abschluss gibt`s hausgemachte Dolci – süße Dessertspezialitäten wie Panna cotta, Eis, Tiramisu oder Zabaione.

Auch bei den Weinen setzt Inhaber Albino Freda auf die bewährte Qualität seiner Heimat. Aus beinahe jeder Region hat er gute Tropfen im Ausschank. Von Apulien bis ins Piemont: Sein gut sortierter Weinkühlschrank birgt verschiedene Weiß- und Rotweine sowie Prosecco von diversen Weingütern Italiens.

RISTORANTE ITALIANO „IM ÖMMES HOF"
Inhaber: Albino Freda
Bochumer Straße 207
44625 Herne
Telefon 0 23 23 / 418 10
www.af-ristorante.de

REZEPTE

Ländlich, kräftig, herzhaft: Das Lammrückenfilet mit Bärlauchkruste gibt's im gutbürgerlichen Restaurant Lindenhof

LAMMRÜCKENFILET MIT BÄRLAUCHKRUSTE, BALSAMICO-KRÄUTER-JUS, SPARGEL-KIRSCHTOMATEN-GEMÜSE UND ROSMARIN-KARTOFFELN

Lindenhof, Seite 144

ZUTATEN FÜR 4 PERSONEN

800 g Lammrückenfilet, Salz und Pfeffer aus der Mühle, Olivenöl zum Braten, je 1 Rosmarin- und 1 Thymianzweig

FÜR DEN LAMMFOND:

2,5 kg Lammknochen, 2 EL Olivenöl, 200 g Zwiebeln, 70 g Karotten, 50 g Knollensellerie, 50 g Tomatenmark, 300 ml Rotwein, je 1 Thymian- und 1 Rosmarinzweig, ½ Knoblauchzehe, 1 Lorbeerblatt, 2 Pimentkörner, 5 Pfefferkörner, Salz und Pfeffer

FÜR DIE KRUSTE:

100 g weiche Butter, 100 g Bärlauchpesto, 150 g fein geriebenes Weißbrot, Salz und Pfeffer aus der Mühle

FÜR DIE BALSAMICO-KRÄUTER-JUS:

1 Schalotte, 1 Knoblauchzehe, je 2 Thymian- und Rosmarinzweige, Olivenöl, 3 EL Aceto Balsamico, 300 ml Lammfond (s.o.)

FÜR DAS SPARGEL-KIRSCHTOMATEN-GEMÜSE:

300 g weißer Spargel, 300 g grüner Spargel, Mehl, Öl zum Frittieren, 200 g Kirschtomaten, Salz, Pfeffer und Zucker

ZUBEREITUNG

Für den Lammfond die Knochen walnussgroß hacken und in heißem Olivenöl von allen Seiten anbraten. Zwiebeln, Karotten und Sellerie putzen und ebenfalls grob würfeln, zu den Knochen geben und mitrösten. Das angesammelte Fett abgießen. Tomatenmark hinzugeben und ebenfalls mitrösten. Nach und nach Rotwein und ca. 2 Liter Wasser angießen und immer wieder einköcheln lassen (so enthält der Fond später seine klare, dunkelbraune Farbe). Nach dem letzten Einkochen die Knochen mit kaltem Wasser bedecken und langsam aufkochen lassen. Den Fond gut abschäumen, Kräuter und Gewürze zugeben und alles bei geringer Hitze 3 bis 4 Stunden köcheln lassen. Den fertigen Fond (es sollte etwa 1 Liter entstehen) durch ein Tuch passieren.

Das Lammrückenfilet mit Salz und Pfeffer würzen und in der Pfanne in heißem Olivenöl anbraten. Rosmarin- und Thymianzweig hinzufügen und das Filet im Backofen bei 200 °C 4 bis 5 Minuten braten. Danach warm halten und ruhen lassen.

Für die Kruste die Butter mit dem Schneebesen schaumig schlagen, Pesto und Weißbrot untermixen. Nach Geschmack mit Salz und Pfeffer abschmecken. Die Kruste auf dem Lammrücken ca. 2–3 mm dick verteilen und das Ganze anschließend im Salamander gratinieren, bis es leicht braun ist. Die Kruste lässt sich übrigens gut vorbereiten und ist einige Tage luftdicht verpackt im Kühlschrank haltbar.

Um die Balsamico-Kräuter-Jus herzustellen, werden Schalotte und Knoblauch geschält, gewürfelt und mit den Kräutern in etwas heißem Olivenöl angeschwitzt. Mit Balsamico ablöschen und den Lammfond hinzufügen. Nun alles auf die Hälfte reduzieren lassen und durch ein feines Sieb passieren. Mit Salz und Pfeffer abschmecken und mit 2 Esslöffel Olivenöl aufmixen.

Den weißen Spargel schälen und schräg in 3–4 cm dicke Stücke schneiden. Den grünen Spargel am unteren Drittel schälen und ebenfalls schräg in Stücke schneiden. Den grünen und weißen Spargel leicht mehlieren und in Öl frittieren. Die gewaschenen Cherrytomaten mit etwas Öl in der Pfanne anschwenken, den frittierten Spargel dazugeben, mit Salz, Pfeffer und Zucker abschmecken.

ANRICHTEN

Zum Anrichten das Spargelgemüse auf die Tellermitte geben, darauf das überbackene Lammfilet anrichten. Balsamico-Kräuter-Jus angießen und mit einem Kräutersträußchen garnieren. Dazu passen in Rosmarin-Öl geschwenkte Drillinge.

Deftige Lammhaxe aus dem Ristorante Oase (l.) und verführerische Traumtorte aus dem Café Waldsee (r.)

LAMMHAXE

Ristorante Oase, Seite 146

ZUTATEN FÜR 4 PERSONEN

4 Lammhaxen, 100 g Mehl, 2 EL Olivenöl, 1 große Zwiebel, 1 Rosmarinzweig, 4 Knoblauchzehen, 500 ml Rotwein, 1 Flasche Malzbier, 1 EL Tomatenmark, Mehl und Butter zum Binden, Salz, Pfeffer

ZUBEREITUNG

Die Lammhaxen abtropfen lassen, mit Küchentuch abtupfen und in Mehl wälzen. Den Backofen auf 200 °C vorheizen. Das Olivenöl in einer Kasserolle erhitzen, die Haxen kross anbraten, herausnehmen und kurz zur Seite stellen. Die Zwiebel hacken und zusammen mit Rosmarin und Knoblauch in die Kasserolle geben und die Haxen darauflegen. Das Fleisch bei 200 °C ca. 90 Minuten im Ofen garen lassen und dabei regelmäßig mit Rotwein und Bier ablöschen.

Nach der Garzeit die Haxen herausnehmen, den Sud durch ein Sieb abgießen und mit einer Schwitze aus Butter und Mehl binden.

Roberto Cucchiarini serviert die aromatischen Lammhaxen mit selbst gemachtem Kartoffelpüree und knackiger Gemüsebeilage. Als Weinbegleitung empfiehlt er einen Piancarda Rosso Conero des Weinguts Garofoli, gekeltert aus 100 % Montepulciano.

CAFÉ WALDSEE-TRAUMTORTE

Café Waldsee, Seite 148

ZUTATEN FÜR 12 STÜCK

MÜRBETEIG: *50 g Puderzucker, 100 g Butter, 150 g Mehl, 1 Päckchen Vanillezucker, 3 EL Kirschmarmelade*

BISKUIT: *5 Eier, 100g Zucker, 80g Mehl, 30 g Kakao, 50 g Stärke, 1 Päckchen Backpulver, 2 Schnapsglas Weinbrand*

FÜLLUNG: *600 ml Sahne, 8 Blatt Gelatine, ½ Flasche Eierlikör, 400 g rote Grütze*

DEKORATION: *400 ml Sahne, 3 EL Eierlikör, 3 EL Schokoraspel*

ZUBEREITUNG

Für den Mürbeteigboden sämtliche Zutaten – mit Ausnahme der Marmelade – verkneten, kühl stellen und mindestens zwei Stunden ruhen lassen. Dann den Teig dünn ausrollen, mit einer Gabel einstechen und in einer gebutterten Springform (Ø 30 cm) 10 Minuten bei 180 °C goldgelb backen. Nach dem Auskühlen mit Kirschmarmelade bestreichen.

Für den Biskuitboden alle Zutaten mit dem Mixer vermischen und bei 170 °C in einer gebutterten Springform (Ø 30 cm) 30 Minuten bei 170 °C backen. Den Boden nach dem Auskühlen waagerecht in drei Teile schneiden. Den unteren Biskuitboden auf den Mürbeteigboden legen, mit einem Tortenring umschließen und mit etwas Weinbrand beträufeln.

Für die Füllung 600 ml Sahne schlagen. Die Gelatine in kaltem Wasser auflösen, ausdrücken und nach und nach mit dem Eierlikör und der geschlagenen Sahne vermischen. Die Hälfte der Masse auf den Biskuitboden in dem Ring glatt verstreichen. Ein Drittel der Grütze darauf verteilen. Den zweiten Boden auflegen, mit dem restlichen Weinbrand beträufeln, die restliche Masse aufstreichen und das zweite Drittel Grütze verteilen. Alles mindestens 5 Stunden kalt stellen.

Die restlichen 400 ml Sahne schlagen. Den Ring entfernen, die Torte mit der Sahne bestreichen und mit einem Esslöffel kleine Wellen formen. Mit der restlichen roten Grütze, Eierlikör und Schokoraspeln verzieren.

REZEPTE

Filet vom Landschwein im Speckmantel mit Bohnen, Birnen und Süßkartoffeln (l.) und Lukas Sauerbratensuppe (r.)

FILET VOM LANDSCHWEIN IM SPECKMANTEL MIT BOHNEN, BIRNEN UND SÜSSKARTOFFELN

Hopfengarten, Seite 162

ZUTATEN FÜR 4 PERSONEN

800 g Filet vom Landschwein, 8 Scheiben Speck, 3–4 Stängel Bohnenkraut, 200 ml Rotwein, 100 ml Kalbsfond, 1 Zwiebel, 600 g breite Bohnen, 1 EL Butter, 200 ml Gemüsefond, 600 g Süßkartoffel, 2 Birnen (ca. 400 g), Salz und Pfeffer, Muskatnuss, Butterflocken

ZUBEREITUNG

Als Erstes das Gemüse vorbereiten: Die Bohnen waschen und putzen. Die Zwiebel schälen und klein würfeln. Die Birnen entkernen, Süßkartoffeln schälen und beides in etwa 1 cm große Würfel schneiden.

Dann das Schweinefilet in 4 Stücke schneiden, mit Salz und Pfeffer würzen und jedes Stück mit 2 Scheiben Speck umwickeln. Das Fleisch der Länge nach in der Pfanne anbraten, herausnehmen und mit der Hälfte des Bohnenkrauts bei 170 °C ca. 15 Minuten im Ofen garen. Den Bratensatz mit Rotwein ablöschen und mit dem Kalbsfond einkochen.

Die Zwiebelwürfel mit den Bohnen in Butter anschwitzen, den Gemüsefond angießen und die Bohnen zusammen mit den Süßkartoffel- und Birnenwürfeln bissfest garen. Der Gemüsefond kocht dabei fast vollständig ein. Das Bohnenragout mit Salz, Pfeffer, Muskatnuss und Bohnenkraut abschmecken.

Vor dem Servieren die Sauce mit dem ausgetretenen Fleischsaft des Schweinefilets nochmals aufkochen, mit Salz und Pfeffer abschmecken und mit kalten Butterflocken aufmixen.

LUKAS SAUERBRATENSUPPE

Lukas, Seite 164

ZUTATEN FÜR 8 PERSONEN

500 g falsches Rinderfilet (Rolle), 1 Karotte, 1 große Zwiebel, ¼ Knolle Sellerie, ½ l Balsamico, ¼ l Weißweinessig, 1 EL Senfsaat, 10 Wacholderbeeren, 5 Nelken, 5 Lorbeerblätter, 1 l Wasser, 2 EL Tomatenmark, 1 l Rinderbrühe, 150 g Zuckerrübenkraut, Salz und Pfeffer, 200 g Mandelblättchen

ZUBEREITUNG

Für die Marinade Karotte, Zwiebel und Sellerie waschen und würfeln. Die Gemüsewürfel mit Balsamico, Weißweinessig, Gewürzen und Wasser vermischen. Das Fleisch in dieser Marinade einlegen und 3 Tage im Kühlschrank ruhen lassen. Dann das abgetropfte Fleisch in einem passenden Topf von allen Seiten scharf anbraten, das abgetropfte Gemüse hinzugeben und mit dem Tomatenmark anrösten. Mit der kompletten Marinadenbrühe ablöschen und für ca. 2 Stunden langsam köcheln lassen. Wenn das Fleisch gut weich gekocht ist, herausnehmen und kalt stellen.

Die Suppe abseien, mit Rinderbrühe auffüllen und köcheln lassen. Mit Salz, Pfeffer, Rübenkraut und eventuell etwas Balsamico nachschmecken und mit Speisestärke leicht abbinden.

Mandelblättchen in der Pfanne rösten und über die Portionen verteilen. Dazu reicht die Küche des Lukas köstliches Brotkonfekt und empfiehlt als Weinbegleitung einen Roten aus dem Languedoc: La Croisade Cabernet Syrah 2010.

WILDSCHWEINRÜCKEN UNTER PUMPERNICKELKRUSTE MIT ROSMARINJUS AN MEDITERRANEM GRILLGEMÜSE UND KARTOFFELTÜRMCHEN

Haus Teltrop, Seite 166

ZUTATEN FÜR 4 PERSONEN

1 kg Wildschweinrücken, 1 Bund Rosmarin, 0,4 l Wildfond, etwas Butter, 0,1 l Rotwein, Salz und Pfeffer

FÜR DIE PUMPERNICKELKRUSTE:

150 g Toast ohne Kruste, 120 g Pumpernickel, 50 g Butterkäse, Salz und Pfeffer

FÜR DAS GEMÜSE: *450 g Gemüse, bestehend aus roten und grünen Paprika, Auberginen, gelben und grünen Zucchini, 30 g Butter, etwas Thymian, Salz und Pfeffer*

Wildschweinrücken unter Pumpernickelkruste an Grillgemüse (l.) und Gummersbacher Schafskäse mit Black-Tiger-Garnelen (r.)

FÜR DIE KARTOFFELTÜRMCHEN:
160 g Kartoffeln (möglichst rund), restliche Zucchini, Butter zum Anbraten, 60 g Frischkäse, Salz und Pfeffer

ZUBEREITUNG
Für die Pumpernickelkruste werden Toastbrot, Pumpernickel und Butterkäse mit der Küchenmaschine fein zermahlen und mit der Butter vermischt. Anschließend mit Salz und Pfeffer abschmecken.
Die Paprika, Auberginen und die Hälfte der Zucchini in Rauten schneiden und kurz in kochendem Salzwasser blanchieren, dann in eiskaltem Wasser abschrecken. Anschließend das abgetropfte Gemüse in Butter mit etwas Thymian leicht anbraten, und ebenfalls mit Pfeffer und Salz abschmecken.
Den Wildschweinrücken von Sehnen und Fett befreien, mit Salz, Pfeffer und Rosmarin kräftig würzen und von beiden Seiten ca. 4 Minuten anbraten. Danach wird das Fleisch mit der Kruste belegt und rund 15 Minuten im Ofen bei 170 °C gegart. Für die Sauce den Wildfond mit etwas Butter, dem Rotwein und gehacktem Rosmarin aufkochen und zur gewünschten Konsistenz leicht abbinden.
Die Kartoffeltürmchen entstehen, indem die gekochten Kartoffeln und die restlichen Zucchini in 3 mm dicke Scheiben geschnitten, in Butter angebraten, gewürzt und zu Türmchen geschichtet werden: abwechselnd eine Kartoffel- und eine Zucchinischeibe, auf die jeweils etwas Frischkäse gestrichen wird. Vor dem Servieren die Türmchen im Ofen warm halten.

ANRICHTEN
Zum Anrichten das Grillgemüse in die Tellermitte geben, dahinter je ein Kartoffeltürmchen, in dessen Spitze ein kleiner Rosmarinzweig gesteckt wird. Die Rosmarin-Jus rechts und links davon verteilen, den Wildschweinrücken in gleichmäßige Tranchen aufschneiden und auf den Saucenspiegel setzen.

GUMMERSBACHER SCHAFSKÄSE AUF LAUWARMEM TOMATEN-RAGOUT MIT BLACK-TIGER-GARNELEN

Overkamp, Seite 168

ZUTATEN FÜR 4 PERSONEN
400 g Schafskäse in Meersalzlake (vom Schäferhof, Gummersbach-Marienheide), Mehl zum „Mehlieren“, 8 große Strauchtomaten, jeweils 2–3 Zweige frischer Thymian, frisches Basilikum und frische Blattpetersilie, 2 Schalotten, 1 kleines Bund Rucola-Salat, Olivenöl, 1 TL weißer Balsamico, 50 g Tomatenchutney (aus der Bergkamener Chutney-Manufaktur), Salz und Pfeffer aus der Mühle, 32 Black-Tiger-Garnelen (Größe 26/30), geschält und entdarmt

ZUBEREITUNG
Die Tomaten kreuzweise einschneiden und ganz kurz überbrühen, die Haut abziehen und die Tomaten vierteln. Die Kerne entfernen und das Fruchtfleisch in feine Würfel schneiden. Die Schalotten ebenso in feine Würfel schneiden. Die Petersilie, den Thymian und das Basilikum hacken und die Rucola-Blätter in etwa 1 cm lange Stücke schneiden.
Die Schalottenwürfel in (nicht zu wenig) Olivenöl farblos anschwitzen und mit einem Spritzer weißem Balsamico ablöschen. Anschließend die Tomatenwürfel und die gehackten Kräuter hinzufügen und kurz (!) mitanschwitzen. Das Tomatenchutney hinzufügen und alles gemeinsam erwärmen.
Nun den Schafskäse in 4 gleich dicke Scheiben schneiden, diese mehlieren und anschließend in einer beschichteten Pfanne in Olivenöl nicht zu heiß kurz „anbraten“. Der Kern des Schafskäses sollte nicht zu warm werden.
Zum Schluss die trocken getupften Garnelen in wenig Olivenöl kurz scharf anbraten. Mit Salz, Pfeffer und wenig gehacktem Thymian würzen.
Den geschnittenen Ruccola unter das Tomatenragout heben und mittig auf Tellern anrichten. Den gebratenen Schafskäse oben daraufgeben. Die Garnelen ringsherum verteilen und mit rustikalem warmen Brot / Ciabatta servieren.

REZEPTE

Kontrastreich: ein exquisites Kaffee-Kardamom-Mascarpone-Quartett (l.) und eine deftige Pilzpfanne mit Rösti (r.)

KAFFEE-KARDAMOM-MASCARPONE-QUARTETT

Habbel's, Seite 170

ZUTATEN FÜR 4 PERSONEN

MASCARPONE-MOUSSE:
2,5 Blatt Gelatine, 50 g Eigelb, 50 g Zucker, 1 Vanilleschote, 300 g Mascarpone, 25 g Kaffeelikör, 75 g Eiweiß, 40 g Zucker, 200 ml Sahne

Gelatine in kaltem Wasser einweichen, Eigelb mit Zucker und Vanilleschote über dem Wasserbad schaumig schlagen, Gelatine in der Mascarpone-Masse auflösen und den Kaffeelikör zugeben. Eiweiß mit Zucker steif schlagen und abwechselnd mit der ebenfalls geschlagenen Sahne unter die erkaltete Masse heben und diese kalt stellen.

KAFFEE-KARDAMOM-EIS:
70 ml Milch, 120 ml Sahne, 50 g Zucker, 3 Kapseln Kardamom, 60 g Eigelb, 10 ml Kaffeelikör, 80 ml Espresso, 15 g Vollmilchkuvertüre

Milch mit Sahne, Zucker und Kardamom aufkochen, Eigelb mit Likör und Espresso verrühren, Kuvertüre zugeben und auflösen. Die warme Milch-Sahne-Mischung auf die Eimasse passieren und über dem Wasserbad bei 70 °C zur Rose abziehen.

KAKAO-BLITZBISKUIT:
120 ml Milch, 20 g Zucker, 15 g Kakao, 15 g Vollmilchkuvertüre; 30 g Mehl, 120 g Eiweiß, 80 g Eigelb, 50 g Zucker, 1 Prise Salz

Die ersten vier Zutaten (Milch, Zucker, Kakao und Kuvertüre) zu einer Kakao-Milch aufkochen und 120 ml davon abmessen.
Dann die restlichen Zutaten mischen, zu der Kakao-Milch geben und alles miteinander verrühren. In eine Espuma-Flasche geben und zwei CO_2-Kapseln aufschrauben. Einen Pappbecher mit der Masse zu zwei Drittel befüllen und in der Mikrowelle 30 Sekunden garen.

KAFFEE-GANACHE:
200 ml Sahne, 250 g Zartbitterkuvertüre, 15 ml Kaffeelikör
Alles zusammen im Wasserbad schmelzen und mindestens 10 Minuten lang mit einem Löffel vermengen. Je länger man die Ganache rührt, desto cremiger wird sie.

ANRICHTEN
Zuletzt von jedem Dessert eine Portion auf einem (dunklen) Teller dekorativ anrichten und nach Belieben verzieren.

PILZPFANNE MIT RÖSTI

David's Rathskeller, Seite 172

ZUTATEN FÜR 4 PERSONEN

RÖSTI: *800 g Kartoffeln, 80 g Mehl, 4 Eier, Salz, Pfeffer aus der Mühle, 1 EL Butterschmalz*

PILZPFANNE: *200 g Champignons, 200 g Austernpilze, 200 g Kräuterseitlinge, 80 g Zwiebeln, 80 g Lauchzwiebeln, 80 g gewürfelter Bauchspeck, 1 EL Butterschmalz, 600 ml Sahne, Salz, Pfeffer, Muskat, 12 Cherrytomaten*

ZUBEREITUNG
Für die Rösti die Kartoffeln schälen, waschen und roh reiben. In einer Schüssel mit Mehl und Eiern vermengen, würzen. In einer Pfanne Butterschmalz erhitzen, die Kartoffelmasse in vier Portionen hineingeben und die Rösti bei mittlerer Hitze braten.
Pilze säubern und vierteln. Zwiebeln schälen und fein würfeln. Lauchzwiebeln in feine Ringe schneiden. Speck würfeln und in einer Pfanne knusprig anbraten. Pilze, Zwiebeln, den Großteil der Lauchzwiebeln dazugeben und mit Sahne ablöschen. Danach würzen und abschmecken.

ANRICHTEN
Die Rösti auf je einem Teller platzieren und die Pilzsauce hinzugeben. Mit den restlichen Lauchzwiebeln und den Cherrytomaten dekorieren.

HIRSCHKALBSRÜCKEN MIT SPITZKOHL IM STRUDELSACK

Eggers, Seite 174

ZUTATEN FÜR 4 PERSONEN

MEDAILLONS: *8 Hirschkalbsrücken-*

Hirschkalbsrücken mit Spitzkohl im Strudelsack (l.) und Lammkarree mit Dicken Bohnen und geschmorten Cherrytomaten

medaillons à 70 g (beim Metzger auslösen lassen und die Knochen und Sehnen für die Jus mitnehmen), 8 Scheiben Speck, Öl zum Braten, 400 g Pfifferlinge, 100 g Zwiebeln, gehackt, 100 g braune Butter, 200 g Sahne, 1 EL Schnittlauchröllchen, 1 Kopf Spitzkohl, 8 Blätter griechischer Filoteig à ca. 20 x 20 cm, Salz und Pfeffer aus der Mühle

WILD-JUS: *500 g Wildknochen und Sehnen, Fett zum Braten, 200 g Röstgemüse (Sellerie, Möhre, Lauch und Zwiebel), 2 EL Preiselbeermarmelade, 1 Lorbeerblatt, 3 Nelken, 10 Wacholderbeeren, 20 schwarze Pfefferkörner, 2 Thymianzweige, 1 Rosmarinzweig, ½ Zimtstange, ½ Orange, geschält, ½ l Rotwein*

ZUBEREITUNG

Die Medaillons mit dem Speck umwickeln und in Öl von beiden Seiten heiß anbraten. Das Fleisch aus der Pfanne nehmen und dann die geputzten Pfifferlinge und die gehackten Zwiebeln in Butter anbraten, mit der Sahne ablöschen, einköcheln lassen und mit Pfeffer, Salz und dem Schnittlauch abschmecken. Den Spitzkohl in feine Streifen schneiden, blanchieren und mit der braunen Butter, Pfeffer und Salz abschmecken.

Die Medaillons nun mit dem Spitzkohl belegen, alles auf ein Strudelblatt setzen, dieses mit brauner Butter bestreichen und zu einem Säckchen einschlagen.

Für die Jus zunächst die Wildknochen in heißem Fett scharf anbraten, das grob gewürfelte Röstgemüse dazugeben und kurz mitbraten. Preiselbeeren, Gewürze und Orange hinzufügen und mehrmals mit dem Rotwein ablöschen. Dann so viel Wasser angießen, dass die Knochen bedeckt sind, und alles auskochen lassen. Anschließend zweimal durch ein Sieb passieren, eventuell mit wenig Speisestärke abbinden und nochmals abschmecken.

ANRICHTEN

Zum Anrichten zunächst die Pilzsahne als Saucenspiegel auf den Teller geben und darauf pro Person zwei Strudelsäckchen legen. Dazu passen Feigenrotkohl und Schupfnudeln.

LAMMKARREE MIT DICKEN WEISSEN BOHNEN UND GESCHMORTEN CHERRYTOMATEN

Mezzo Mezzo, Seite 176

ZUTATEN FÜR 4 PERSONEN

2 Lammkarrees à 400 g, Salz, Pfeffer, Olivenöl zum Braten

FÜR DAS BOHNENGEMÜSE:

Dicke weiße Bohnen, getrocknet (pro Person ca. 1 Handvoll), 4 Ochsenherztomaten, Olivenöl, 1 Zwiebel, 1 Sträußchen mediterrane Kräuter (je einen Zweig Thymian, Rosmarin und Salbei), Salz, Pfeffer

FÜR DIE AUSGEBACKENEN KRÄUTER:

3 Knoblauchzehen, Olivenöl zum Braten und Frittieren, je 8 Zweige Rosmarin und Thymian, 20 Salbeiblätter, Pfeffer, Salz, Puderzucker, 20–25 Cherrytomaten (mit Stängel),

ZUM DEKORIEREN: *grünes Kräuteröl*

ZUBEREITUNG

Die Dicken Bohnen über Nacht in Salzwasser mit etwas Zucker einweichen und am nächsten Tag etwa 20 Minuten lang gar kochen.

Die Ochsentomaten über Kreuz einritzen, kurz blanchieren, häuten und würfeln. Die Zwiebel in feine Würfel schneiden und in Olivenöl glasig anschwitzen – die Zwiebel soll keine Farbe annehmen. Dann die kleingeschnittenen Tomaten und das Kräutersträußchen hinzugeben, mit Salz und Pfeffer abschmecken, 2 Minuten köcheln lassen, anschließend die abgetropften Bohnen dazugeben und alles zusammen ziehen lassen. Das Kräutersträußchen kann vor dem Servieren wieder entfernt werden.

Die Lammkarrees von Sehnen entfernen und die Rippenknochen mit einem Messer sauber abschaben. Anschließend salzen und pfeffern und von beiden Seiten in Olivenöl scharf anbra-

REZEPTE

Entenbrust in Rotwein-Honig aus dem gutbürgerlichen Restaurant Pfeiffer`s Sythener Flora

ten. Bei 180 °C im Backofen ca. 15 Minuten lang garen, die Knochen mit Alufolie abdecken, damit sie nicht dunkel werden.
Nun die Knoblauchzehen schälen, in dünne Scheiben schneiden und in Olivenöl langsam ausbacken (nicht zu heiß). Anschließend die Rosmarin- und Thymianzweige sowie die Salbeiblätter ebenfalls etwa 5 Minuten goldbraun frittieren und dann beiseite stellen. Zuletzt ein Backblech mit einer dünnen Schicht Pfeffer, Salz und Puderzucker (zu gleichen Teilen) bestäuben, die gewaschenen Cherrytomaten daraufsetzen und nochmals mit einer Schicht aus Salz, Pfeffer und Puderzucker bedecken. Im Backofen bei 180 °C ca. 6 Minuten anschmoren.

ANRICHTEN

Zum Servieren die Bohnen in der Tellermitte kreisförmig anrichten, die Cherrytomaten sternförmig drumherum verteilen, die Lammkarrees so dazulegen, dass sich die Rippen ineinanderschieben und die ausgebackenen Kräuter mit ein wenig Öl über dem Fleisch verteilen. Zum Dekorieren je 1 EL grünes Kräuteröl um Fleisch und Bohnen verteilen.

ENTENBRUST IN ROTWEIN-HONIG MIT BUSCHBOHNEN UND KARTOFFELNUDELN

Pfeiffers Sythener Flora, Seite 178

ZUTATEN FÜR 4 PERSONEN

FÜR DIE ENTENBRUST: *1 l guter Rotwein, 300 ml Honig, 2 Zweige frischer Thymian, 20 g Salz, 800–1000 g Entenbrust, Salz und Pfeffer*

FÜR DIE KARTOFFELNUDELN: *500 g Kartoffeln, 2 Eigelb, 125 g Mehl, 125 g Hartweizengrieß, Salz, Muskat*

FÜR DAS GEMÜSE: *600 g Buschbohnen*

ZUBEREITUNG

Für die Entenbrust zunächst Rotwein, Honig, Thymian und Salz zusammen aufkochen und auf die Hälfte einreduzieren lassen. Danach sollte die Reduktion auf 60 °C abkühlen. Die Entenbrüste salzen und pfeffern und von beiden Seiten etwa 2 bis 3 Minuten scharf anbraten. Anschließend das Fleisch in die abgekühlte Reduktion geben und kalt stellen. Das Ganze sollte mindestens 6 (wenn möglich bis zu 48) Stunden ruhen. Danach die Entenbrust aus dem Sud nehmen, in Alufolie einpacken und ca. 90 Minuten lang im Backofen bei rund 70 °C garen lassen. In der Zwischenzeit wird der Sud passiert und nochmals so weit einreduziert, bis sich eine sirupartige Sauce ergibt. Eventuell mit etwas Kartoffelstärke leicht binden. Die Ente aus dem Backofen nehmen und nochmals etwa 2 Minuten lang auf der Hautseite in der Pfanne kross anbraten. Danach in dünne Scheiben schneiden.
Für die Kartoffelnudeln zunächst die Kartoffeln waschen und in Salzwasser kochen. Etwas abkühlen lassen, von der Schale lösen und durch eine Kartoffelpresse drücken. Nun Eigelb, Mehl und Grieß hinzufügen und mit Salz und Muskat abschmecken. Die fertige Kartoffelmasse wird nun zu einer ca. 2 cm dicken Rolle geformt und diese dann schräg in 2 cm dicke Stücke geschnitten. Um zu kontrollieren, ob die Kartoffelnudeln in Form bleiben, zunächst 2–3 Stücke in kochendes Salzwasser geben und bei Bedarf noch etwas Grieß und Mehl unter den Teig mengen. Ist der Teig gelungen, werden die Kartoffelnudeln etwa 4 Minuten lang in dem sprudelndem Salzwasser gegart und dann von der Wasseroberfläche abgeschöpft. Danach die Nudeln kurz in einer Pfanne mit Butter schwenken.In der Zwischenzeit die Buschbohnen 2 Minuten lang in Salzwasser blanchieren, in etwa 3 cm lange Stücke schneiden und ebenfalls in Butter schwenken.

ANRICHTEN

Die Kartoffelnudeln und Buschbohnen auf den Teller geben, die dünn geschnittene Entenbrust dazulegen und mit der Rotweinsauce übergießen.

Italien lässt grüßen: Erst Risotto mit Hummer und grünem Spargel, dekorativ angerichtet, dann einen Grappa aus der Heimat

RISOTTO ALL'ASTICE E ASPARAGI (RISOTTO MIT HUMMER UND GRÜNEM SPARGEL)

Ristorante Italiano „Im Ömmes Hof", Seite 180

ZUTATEN FÜR 4 PERSONEN

ca. 700 g frischer Hummer, 2 kleine Zwiebeln, 2 Karotten, 1 Stange Sellerie, 1–2 Stängel Petersilie, 12 Stangen grüner Spargel, 4 EL Olivenöl extra vergine, 30 g Butter, 200 g Risottoreis, 100 ml trockener Weißwein, Salz, Pfeffer aus der Mühle

ZUBEREITUNG

Eine Zwiebel, eine Karotte und den Sellerie in grobe Stücke schneiden und gemeinsam mit dem Hummer und der Petersilie in einen Topf mit kochendem Wasser (ca. 4 Liter) geben und 10 Minuten kochen lassen. Anschließend den Hummer herausnehmen, abkühlen lassen, das Fleisch aus der Schale lösen und in kleine Stücke schneiden.

Den grünen Spargel in einen Topf mit kochendem Salzwasser (1 Liter Wasser und 1 Esslöffel Salz) geben und 5 Minuten kochen lassen. Nachdem er abgekühlt ist, wird auch der Spargel in kleine Stücke geschnitten. In einer großen Pfanne das Olivenöl und die Butter erhitzen, die zweite, klein geschnittene Zwiebel und den Risottoreis hinzufügen. Den Reis rühren, bis er eine bräunliche Farbe annimmt. Dann mit dem Weißwein ablöschen. Beim anschließenden Garen des Risottos wird unter ständigem Rühren nach und nach etwas von dem Hummer-Kochwasser hinzugefügt. Wenn der Risottoreis halb fertig ist, werden das klein geschnittene Hummerfleisch und die Spargelstücke hinzugegeben. Zu guter Letzt den Risotto mit etwas frisch gemahlenem Pfeffer würzen und so lange weiterrühren, bis der Reis vollständig gar ist (Kochzeit insgesamt: 25 Minuten).

ADRESSVERZEICHNIS

B

BÄCKEREI BLANKENHAUS *140*
Inhaber: Bernd Armbrust
Markusstraße 1
44866 Bochum Wattenscheid
Telefon 023 27 / 888 13
info@baeckerei-blankenhaus.de
www.baeckerei-blankenhaus.de

BANNISTERS *68*
RESTAURANT UND PUB
Birgit und Peter Bannister
Kölner Straße 170
45481 Mülheim an der Ruhr
Telefon 02 08 / 48 30 02
Telefax 02 08 / 757 82 83
bannister@gmx.de
www.bannisters.de

BELLA ITALIA *74*
RESTAURANT GMBH
Inhaber: Antonio und Cristina Rizzo
Dortmunder Straße 1
44536 Lünen
Telefon 023 06 / 122 38
info@bella-italia-luenen.de
www.bella-italia-luenen.de

BISTECCA *28*
Chefkoch: André Becker
Restaurantleiter: Giulio Fichera
Rüttenscheider Straße 2
45128 Essen
Telefon 02 01 / 74 71 69 31
Telefax 02 01 / 615 99 48
service@bistecca-grillroom.de
www.bistecca-grillroom.de

BORGBÖHMER'S WALDESRUH *112*
Inhaber: Familie Borgböhmer
Papenloh 8
44797 Bochum
Telefon 02 34 / 47 08 00
info@borgboehmer.de
www.borgboehmer.de

BUCHHOLZHOF *126*
Familie Unterhansberg
Am Buchholz 13
45470 Mülheim an der Ruhr
Telefon 020 54 / 833 70
Telefax 020 54 / 51 53
www.buchholzhof.com

C

CAFÉ WALDSEE *148*
Elfriede und Stefanie Wind
Wertherbrucher Straße 16
46499 Hamminkeln
Telefon 028 73 / 911 31
www.cafewaldsee.de

CAFÉ ZUCCA *62*
Inhaber: Muzaffer und Zafer Kök
Rüttenscheider Straße 75
45130 Essen
Telefon 02 01 / 815 91 59
kontakt@cafe-zucca.de
www.cafe-zucca.de

CASTEL OLIVAR *150*
Gundula Czeke
Pastor-Winkelmann-Straße 7
46499 Hamminkeln-Marienthal
Mobil 01 63 / 789 95 00
info@castel-olivar.de
www.castel-olivar.de

D

DAVID'S RATHSKELLER *172*
Küchenchef: David Reeb
Mittelstraße 55
58285 Gevelsberg
Telefon 023 32 / 509 68 66
restaurant@davids-rathskeller.de
www.davids-rathskeller.de

DIERGARDTS KÜHLER GRUND *34*
Friedrich und Philipp Diergardt
Chefköche: Thomas Staretschek
und Fritz Berghoff
Am Büchsenschütz 15
45527 Hattingen
Telefon 023 24 / 960 30
Telefax 023 04 / 96 03 33
info@diergardt.com
www.diergardt.com

F

FORSTHAUS *90*
Blankensteiner Straße 147
44797 Bochum
Telefon 02 34 / 369 48 88
info@forsthaus-bochum.de
www.forsthaus-bochum.de

H

HACKBARTH'S RESTAURANT *88*
Uschi und Jörg Hackbarth
Chefkoch: Torsten Schmidt
Im Lipperfeld 44
46047 Oberhausen
Telefon 02 08 / 221 88
info@hackbarths.de
www.hackbarths.com

HAUS STEMBERG *86*
Walter und Sascha Stemberg
Kuhlendahler Straße 295
42553 Velbert-Neviges
Telefon 020 53 / 56 49
Telefax 020 53 / 407 85
stemmi@tv-stemberg.de
www.haus-stemberg.de
www.stemberg.tv

HOTEL HAUS TELTROP *166*
Marianne und Ulrich Teltrop
Dorstener Straße 649
45721 Haltern am See
Telefon 023 60 / 999 20
Telefax 023 60 / 99 92 16
info@haus-teltrop.de
www.haus-teltrop.de

HOTEL & RESTAURANT *174*
EGGERS GMBH
Inhaber: Dirk und Heidi Eggers
Hauptstraße 78
45549 Sprockhövel
Telefon 023 24 / 717 80
Telefax 023 24 / 772 90
info@hotel-restaurant-eggers.de
www.hotel-restaurant-eggers.de

HOTEL RESTAURANT *128*
ZUM NEULING
Inhaber: Julius Schmidt
Neulingstraße 42
44795 Bochum
Telefon 02 34 / 94 69 80
Telefax 02 34 / 946 98 45
info@zumneuling.de
www.zumneuling.de

J

JAGDHAUS SCHELLENBERG *98*
Geschäftsführer: Robert Meems
Küchenchef: Andreas Mattern
Heisinger Straße 170a
45134 Essen
Telefon 02 01 / 43 78 7-0
Telefax 02 01 / 43 78 7-29
info@jagdhaus-schellenberg.de
www.jagdhaus-schellenberg.de

K

kochBar – essBar *100*
IM SCHLOSS SCHELLENBERG
Sonja Beselin
Renteilichtung 1
45134 Essen
Telefon 02 01 / 726 99 58
Telefax 02 01 / 726 99 59
info@kochbar-essbar.de
www.kochbar-essbar.de

L

LA CUISINE MARIO KALWEIT *32*
Inhaber und Küchenchef: Mario Kalweit
Lübkestraße 21
44141 Dortmund
Telefon 02 31 / 531 61 98
Telefax 02 31 / 531 61 97
restaurant@mariokalweit.de
www.mariokalweit.de

LANDHAUS ENTENTEICH *108*
Haiko Daniel
Chefkoch: Werner L. Müller
Alleestraße 1
59427 Unna-Kessebüren
Telefon 023 03 / 493 72 und 94 30 47
Telefax 023 03 / 94 30 49
info@landhausententeich-unna.de
www.landhausententeich-unna.com

LANDHAUS FREESMANN *72*
Inka und Steffen Ortmann
Heerstraße 335
46535 Dinslaken
Telefon 020 64 / 700 06
Telefax 020 64 / 47 59 31
info@landhaus-freesmann.de
www.landhaus-freesmann.com

L' ARRIVÉE HOTEL & SPA *92*
Küchenchef: Dennis Rother
Wickbräucker Straße 565
44267 Dortmund
Telefon 02 31 / 88 05 00
Telefax 02 31 / 88 05 01 00
mail@larrivee.de
www.larrivee.de

LA TURKA *58*
Yavuz und Hidir Cagritekin
Küchenchef: Durak Durmus
Rüttenscheider Straße 176
45131 Essen
Telefon 02 01 / 873 23 90
info@laturka.de
www.laturka.de

LÖHKEN *132*
BÄCKEREI KONDITOREI CAFÉ
Familie Löhken
Mittelstraße 35
45549 Sprockhövel-Haßlinghausen
Telefon 023 39 / 23 02
info@konditorei-loehken.de
www.baeckerei-loehken.de

ADRESSVERZEICHNIS

LUKAS – KULINARISCHER BAHNHOF *164*
André Krämer
Prinz-Friedrich-Platz 1
45257 Essen-Kupferdreh
Telefon 02 01 / 84 83 53
Telefax 02 01 / 848 35 55
info@lukas-essen.de
www.lukas-essen.de

M

MEZZO MEZZO *176*
Georgios Gouziotis
Kettwiger Straße 36
45127 Essen
Telefon 02 01 / 22 52 65
Telefax 02 01 / 892 49 91
mezzomezzo@t-online.de
www.mezzomezzo.de

N

NIGGEMANN FOOD FRISCHEMARKT GMBH *16*
Geschäftsführer: Rainer Altendeitering
Speicherstraße 4-8
44809 Bochum
Telefon 02 34 / 90 37 00
info@niggemann.de
www.niggemann.de

O

OASE DUE RISTORANTE *36*
Tiziano Girardi und Franco Cadamuro
Rüttenscheider Straße 189
45131 Essen
Telefon 02 01 / 79 06 40
info@oase-due.de
www.oase-due.de

OFFICINA *124*
Franco Giannetti
Bredeneyer Straße 142
45133 Essen
Telefon 02 01 / 846 24 47
Telefax 02 01 / 615 99 48
service@gastronomia-officina.de
www.gastronomia-officina.de

ORIENTAL GARDEN *70*
Inhaber: Danny Yeh
Herner Straße 219-223
44809 Bochum
Telefon 02 34 / 956 63 95
info@orientalgarden.de
www.orientalgarden.de

OVERKAMP GASTRONOMIE *168*
Geschäftsführer: Bianca Overkamp und Günther Overkamp-Klein
Am Ellberg 1
44265 Dortmund
Telefon 02 31 / 46 27 36
Telefax 02 31 / 470 01
info@overkamp-gastro.de
www.overkamp-gastro.de

P

PFEIFFER'S SYTHENER FLORA *178*
Matthias Pfeiffer
Am Wehr 71
45721 Haltern am See
Telefon 023 64 / 962 20
Telefax 023 64 / 96 22 96
mail@hotel-pfeiffer.de
www.hotel-pfeiffer.de

PIAZZA NAVONA *56*
Inhaber: Angelo Coppola
Lübkestraße 9
44141 Dortmund
Telefon 02 31 / 427 72 70

PICASSO IM RUHRBLICK *106*
Carmen und Luis Alvarez
In der Lake 19
58456 Witten
Telefon 023 02 / 179 78 72
info@picassoimruhrblick.de
www.picassoimruhrblick.de

R

RESTAURANT HABBEL'S BISTRO MANUFACTUR *170*
Cornelia Jellinghaus-Habbel
Küchenchef: Alessio Conforto
Gevelsberger Straße 127
45549 Sprockhövel
Telefon 023 39 / 91 43 12
info@habbel-restaurant.de
www.habbel-restaurant.de

RESTAURANT HOPFENGARTEN *162*
Inhaber Mirko Wuttig
Küchenchef Stefan Hofmann
Hattinger Straße 237
44795 Bochum
Telefon 02 34 / 43 10 09
info@hopfengarten-bochum.de
www.hopfengarten-bochum.de

RESTAURANT KOCKSHUSEN *102*
Willi Hachenberg
Pilgrimsteig 51
45134 Essen
Telefon 02 01 / 84 39 12 20
Telefax 02 01 / 84 39 12 29

kontakt@restaurant-kockshusen.de
www.restaurant-kockshusen.de

RESTAURANT LINDENHOF *144*
Maria und Peter Booken
Hellweg 19
45721 Haltern am See
Telefon 023 64 / 65 66
Telefax 023 64 / 928 90 46
lindenhof.haltern@web.de
www.lindenhof-haltern.de

RESTAURANT POSEIDON *54*
Martha und Athanasios Chalos
Brandtstraße 2
45525 Hattingen
Telefon 023 24 / 223 26
Telefax 023 24 / 540 77
info@poseidon-restaurant.com
www.poseidon-restaurant.com

RESTAURANT ROSMARIN *24*
Sebastian Höhle
Grünstraße 37
45525 Hattingen
Telefon 023 24 / 591 52 96
Mobil 01 63/ 455 35 62
restaurant-rosmarin@gmx.de
www.rosmarin-hattingen.de

RISTORANTE ACQUARIO *64*
Riccardo und Francesco Papa
Kaiser-Wilhelm-Platz 5
45276 Essen
Telefon 02 01 / 51 26 65
info@acquario.de
www.acquario.de

RISTORANTE CAVALLINO ROSSO *60*
Apostolos Dochtsidis
Küchenchef: Nino di Stefano
Velberter Straße 126
45239 Essen
Telefon 02 01 / 40 49 77
Telefax 02 01 / 40 49 77
www.ristorante-cavallinorosso.de

RISTORANTE COSTA AZZURRA *138*
Giovanni Lattarulo
Danziger Straße 26
47057 Duisburg
Telefon 02 03 / 37 00 44
Telefax 02 03 / 37 03 33
info@costa-azzurra.de
www.costa-azzurra.de

RISTORANTE PIZZERIA *40*
IL GAMBERO
Bruno de Simone und Daniel Östreich
Wieckesweg 29
44309 Dortmund
Telefon 02 31 / 20 04 44
info@ilgambero.de
www.ilgambero.de

RISTORANTE ITALIANO *180*
„IM ÖMMES HOF“
Inhaber: Albino Freda
Bochumer Straße 207
44625 Herne
Telefon 023 23 / 418 10
a.freda@web.de
www.af-ristorante.de

RISTORANTE OASE *146*
Roberto Cucchiarini
Friederikenstraße 45-47
45130 Essen
Telefon 02 01 / 77 07 91
Telefax 02 01 / 77 08 63
info@oase-essen.com
www.oase-essen.com

RISTORANTE VILLA PATRIZIA *38*
Patrizia und Nico Bodean
Mülheimer Straße 213
47058 Duisburg
Telefon 02 03 / 33 04 80
Telefax 02 03 / 34 27 59
info@villa-patrizia-online.de
www.villa-patrizia-online.de

RÖDELS KOCHLOKAL *22*
Inhaber: Grazyna und Thomas Rödel
Hermannstraße 164
44263 Dortmund
Telefon 02 31 / 39 96 81 37
info@kochlokal.de
www.kochlokal.de

ROTISSERIE DU SOMMELIER *52*
Inhaber und Küchenchef:
Thomas Friedrich
Wegenerstraße 3
45131 Essen
Telefon 02 01 / 959 69 30
www.rotisserie-ruettenscheid.de

ADRESSVERZEICHNIS

S

SCHNITZLERS, RESTAURANT & CATERING *110*
Jeanette und Peter Schnitzler
Nöckersberg 65
45257 Essen
Telefon 02 01 / 84 81 40
info@schnitzlers-restaurant.de
www.schnitzlers-restaurant.de

SCHÖNEBECKER SCHWEIZ *96*
Roswitha und Karl Schirmacher
Schönebecker Straße 30
45359 Essen-Schönebeck
Telefon 02 01 / 23 54 53
Telefax 02 01 / 65 21 87
post@schoeneschweiz.de
www.schoeneschweiz.de

SÜDTIROLER STUBEN *104*
Catrin Linowsky und Roman Pichler
Freiherr-vom-Stein-Straße 280 a
45133 Essen
Telefon 02 01 / 47 28 48
Telefax 02 01 / 47 25 82
info@suedtiroler-stuben.de
www.suedtiroler-stuben.de

T

TATORT ESSEN *26*
David Tappeser und Jean Mathis
Rüttenscheider Straße 182
45131 Essen
Telefon 02 01 / 32 03 99 80
info@tatort-gastronomie.de
www.tatort-gastronomie.de

TRATTORIA TRÜFFEL DA DIEGO *20*
Diego Palermo
Rüttenscheider Straße 114
45131 Essen
Telefon 02 01 / 72 11 10
Telefax 02 01 / 316 60 88
info@trueffel-da-diego.de
www.trueffel-da-diego.de

V

VESTTAFEL – RESTAURANT IN DER ENGELSBURG *130*
Mirela Huhmann und Katharina Luft
Augustinessenstraße 10
45657 Recklinghausen
Telefon 023 61 / 20 11 25
Telefax 023 61 / 20 11 27
info@vesttafel.de
www.vesttafel.de

VETRO *66*
Stockholmer Allee 55
44269 Dortmund
Telefon 02 31 / 700 99 55
Telefax 02 31 / 476 00 90
mail@vetro-dortmund.de
www.vetro-dortmund.de

VINUM ETC. *30*
Volker Schmitz
Frankenstraße 277 (in den Arkaden)
45134 Essen
Telefon 02 01 / 84 39 23 80
Telefax 02 01 / 84 39 23 81
v.schmitz@vinum-etc.de
www.vinum-etc.de

W

WEINSCHMECKER *136*
Vera Welsing-Strang
Kölner Straße 428
45481 Mülheim an der Ruhr
Telefon 02 08 / 466 76 86
Telefax 02 08 / 466 76 49
info@welsingstrang.de
www.welsingstrang.com

Z

ZIZOU *62*
Rüttenscheider Straße 77-79
45130 Essen
Telefon 02 01 / 77 34 34
kontakt@zizou.de
www.zizou.de

ZUR ALTEN POST „LA POSTA" *134*
Inhaber und Küchenchef: Frank Schulz
Hattinger Straße 846
44879 Bochum
Telefon 02 34 / 546 44 32
info@la-posta.de
www.la-posta.de

Stylishe Bar in Pinktönen mit orientalischen Akzenten: das Zizou in der Rüttenscheider Straße in Essen

REZEPTVERZEICHNIS

Besondere Adressen für Sie entdeckt

Bremen und Umgebung
144 Seiten, Hardcover
978-3-86528-537-9

Düsseldorf und Umgebung
208 Seiten, Hardcover
978-3-86528-548-5

Linz und Umgebung
192 Seiten, Hardcover
978-3-86528-541-6

Zürich und Umgebung
160 Seiten, Hardcover
978-3-86528-544-7

Berlin und Umgebung
184 Seiten, Hardcover
978-3-86528-477-8

Freiburg und Breisgau
200 Seiten, Hardcover
978-3-86528-514-0

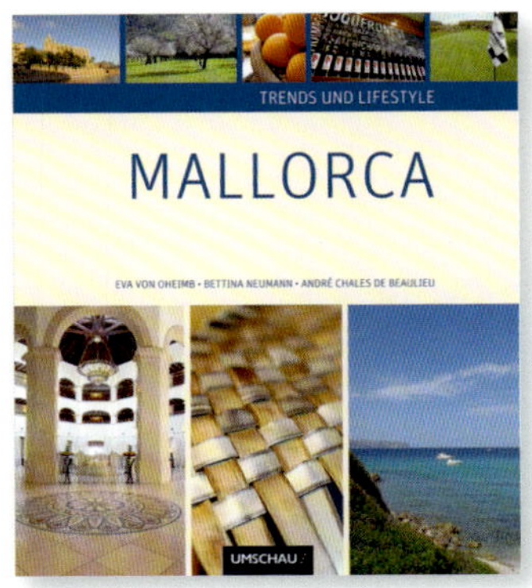

Mallorca
248 Seiten, Hardcover
978-3-86528-524-9

Wipptal und Eisacktal
128 Seiten, Hardcover
978-3-86528-543-0

Bestes Handwerk vom Schwarzwald bis zum Neckar
144 Seiten, Hardcover
978-3-86528-519-5

Bestes Handwerk Wien
160 Seiten, Hardcover
978-3-86528-468-6

Raum & Design München
200 Seiten, Hardcover
978-3-86528-546-1

Faszination Welterbe – Band 1 – Deutschlands Norden
256 Seiten, Hardcover
978-3-86528-545-4

Weitere Empfehlungen für Sie

bau.stil.
Christian Bau
288 Seiten, Hardcover mit Schutzumschlag
978-3-86528-739-7

Wild
Harald Rüssel
208 Seiten, Hardcover
978-3-86528-734-2

Ganz Natürlich
Thomas Dreher
192 Seiten, Hardcover
978-3-86528-747-2

Drunter & Drüber
Das Brotback- und Aufstrichbuch
208 Seiten, Hardcover
978-3-86528-746-5

Klitzekleine Glücklichmacher
Daniela Klein
144 Seiten, Hardcover
978-3-86528-759-5

Schlau kochen
Ein Entdeckerkochbuch für neugierige Kinder und Erwachsene
264 Seiten, Hardcover
978-3-86528-608-6

UMSCHAU
Die genussvollen Seiten des Lebens

Für weitere Informationen über unsere Reihen wenden Sie sich direkt an den Verlag:

Neuer Umschau Buchverlag
Moltkestraße 14
D-67433 Neustadt/Weinstraße

☎ + 49 (0) 63 21 / 8 77-852
Fax + 49 (0) 63 21 / 8 77-859
@ info@umschau-buchverlag.de

Besuchen Sie uns auch im Internet:
www.umschau-buchverlag.de

IMPRESSUM

© 2013 NEUER UMSCHAU BUCHVERLAG GMBH
Neustadt an der Weinstraße

Alle Rechte der Verbreitung in deutscher Sprache, auch durch Film, Funk, Fernsehen, fotomechanische Wiedergabe, Tonträger jeder Art, auszugsweisen Nachdruck oder Einspeicherung und Rückgewinnung in Datenverarbeitungsanlagen aller Art, sind vorbehalten.

TEXT/RECHERCHE
Susanne Schaller, Leverkusen
www.susanneschaller.de
Christel Trimborn, Bochum
www.wemfall.de

FOTOS
Gabi Bender, Möhnesee
www.benderfotografie.de

LEKTORAT/PRODUKTION
Susanne Kranz, Hamburg
www.susannekranz.de

GESTALTUNG
Anja Winteroll, Hamburg
www.anjawinteroll.de

REPRODUKTION
Blaschke Vision, Peter Blaschke, Freigericht

KARTE
Thorsten Trantow, Kenzingen
www.trantow-atelier.de

DRUCK UND VERARBEITUNG
NINO Druck GmbH, Neustadt an der Weinstraße
www.ninodruck.de

Printed in Germany
ISBN: 978-3-86528-555-3

Die Ratschläge und Empfehlungen in diesem Buch wurden von den Autoren und dem Verlag sorgfältig erwogen und geprüft, dennoch kann eine Garantie nicht übernommen werden. Eine Haftung der Autoren und des Verlags für Personen-, Sach- und Vermögensschäden ist ausgeschlossen.

Wir bedanken uns für die freundlicherweise zur Verfügung gestellten Fotos bei: Niggemann Food Frischemarkt GmbH (Seite 16, Seite 17 unten, Seite 18, Seite 19 oben), Restaurant Rosmarin (Seite 24), Tatort Essen (Seite 27 oben), Vinum etc. (Seite 31 unten), Diergardts Kühler Grund (Seite 34, Seite 35 oben), Landhaus Freesmann (Seite 72 und 73, Seite 81), Bella Italia (Seite 75 oben), Haus Stemberg (Seite 86 und 87, Seite 114 links), Hackbarth's Restaurant (Seite 88, Seite 89 Mitte), L'Arrivée Hotel & Spa (Seite 92, Seite 93 oben und Mitte, Seite 94 und 95), Jagdhaus Schellenberg (Seite 99 oben), kochBar – essBar (Seite 100, Seite 101 oben und unten), Südtiroler Stuben (Seite 105 Mitte), Borgböhmer's Waldesruh (Seite 113 oben), Bäckerei Blankenhaus (Seite 140, Seite 141 oben, Seite 143 Mitte), Café Waldsee (Seite 148 und 149 oben), Restaurant Hopfengarten (Seite 163 Mitte und unten), Overkamp Gastronomie (Seite 169 unten), Pfeiffer´s Sythener Flora (Seite 179 Mitte)

Besuchen Sie uns im Internet:
www.umschau-buchverlag.de